Inhalt

W0098785

Vorwort

„Es sieht schlimm aus in der Welt. Aber wie es aussehen würde ohne die jahrtausendelangen Anstrengungen des Schreibenden, wissen wir nicht."

Marie Luise Kaschnitz (1901–1974)

So wie M. L. Kaschnitz Anstrengung und Schreiben als gegeben hinnimmt, macht es u. E. gerade Sinn, das Kreative Schreiben wieder mehr aus dem fakultativen Bereich der randvollen Deutschstunden zu holen und in den Mittelpunkt des Unterrichts zu stellen.

Kreatives Schreiben im Unterricht ist nach wie vor ein Unterfangen, das oft an systemimmanenten Gegebenheiten scheitert. Es gibt genug Unterrichtsstoff, den es abzuarbeiten gilt. Neben Grammatik und Rechtschreibung, Ganzschriften und Literaturepochen möchte der potenziell motivierte, aber oft verständnislos dreinblickende Schüler im besten Fall mit Gegenwartsliteratur die Lust am Lesen, Interpretieren und Schreiben „entdeckt bekommen".

Obwohl sich Sprache und Kommunikation z. B. immer weiter zeichenhaft reduziert, Synonyme nur noch begrenzt von Schülern verfügbar sind oder ein übermächtiger Dativ dem Genitiv offensichtlich schon längst den Tod beschert hat, gibt es Deutschlehrerinnen und -lehrer, die dies nicht hinnehmen möchten. Vor diesem Hintergrund wurde ein Heft konzipiert, in dem es um synästhetische, kommunikative, biografische und vor allem eigenverantwortliche und reflektierende Schreiberfahrungen geht.

Die Bewertung solch frei geschriebener Texte ist trotz klar definierter Bildungsstandards allerdings für viele Kolleginnen und Kollegen ein nachvollziehbares Problem, wird man doch der Leistung der Schüler in Form einer Note kaum gerecht. Dieses Heft bietet daher als Bewertungsgrundlage die Erstellung eines Portfolios, in dem verschiedene Genres literarischer Bildung angedacht und geübt werden.

Die Inhalte der KVs haben nicht nur die Erweiterung der Methodenkompetenz in Bezug auf Ideenfindungsprozesse zum Ziel, sondern bieten auch schülernahe Zugänge zum eigenen Schreiben über Texte, Bilder und akustische Anreize. Begonnen wird mit „Sprachspielereien", die den Weg zum spielerischen und respektlosen, aber sehr kreativen Umgang mit Sprache ebnen sollen.

Dieser Ansatz bedeutet jedoch nicht, sich in Anspruchslosigkeit zu ergehen, im Gegenteil: Was mit Sprachspielereien betitelt ist und den Eindruck vermitteln könnte, man hat hier leichtes Spiel, wird schnell eines Besseren belehrt. Es müssen manchmal gewohnte Wege der Lesart verlassen werden, um das sprachliche Kreativpotenzial von Schülern zu wecken, zu entdecken und ihnen zu individuellen Ergebnissen zu verhelfen. Es kommt darauf an, um die Ecke zu denken, verrückte Wortkombinationen zuzulassen, frei und gezielt zu assoziieren, aber auch Bekanntes in neue Zusammenhänge zu bringen und sich mit Methoden auseinanderzusetzen, die Ideenfindungsprozesse unterstützen.

Im Teil „Kreative Schreibprozesse" liegt der Schwerpunkt auf unterschiedlichen Formen literarischer Textproduktionen mit Zugängen, die sich an den Fähigkeiten und Themen aus dem Alltag von Jugendlichen orientieren. Visuelle und auditive Anreize führen neben dem verschriftlichten Wort zu einer erweiterten Sprachkompetenz. Es geht eher um kurze Texte, also nicht um Quantität, sondern um Qualität der einzelnen textlichen Endprodukte. Und genau das ist das Ziel: Eigene Texte zu schreiben, angeleitet durch ungewöhnliche Zugänge, die Lust auf Schreiben machen. So können Schüler vorhandenes Potenzial entfalten und dieses schreibend ausleben. Dazu bedarf es der Einbeziehung aller Sinne, einer Synästhesie, die sich vielfältiger Zugehensweisen bedient, um sie dann in Worte zu fassen. Denn Wörter und Sätze sind nur eine mögliche Aneignung von Welt. Auch Schüler verfügen über mehrere Kanäle. Diese heißt es zu entdecken, zu dokumentieren und zu begleiten. Kreatives Schreiben ermöglicht Ergebnisse, „mehr […] als eure Schulweisheit sich träumt" (aus: *Hamlet*).

Renate Mann und Beate Saßmann

Tabellarische Übersicht zur Unterrichtsreihe

Thema	Inhalt	Materialien – Vorbereitung
Einstieg · 2–3 Stunden (KV 1 bis KV 4)		
Vermittlung von Basisinformationen zur Portfolioarbeit und gemeinsame Planung der UE	Schüler-Info zum Erstellen und zur Bewertung eines Portfolios; Besprechung des Feedback- und Reflexionsbogens	KV 1: Arbeit mit dem Portfolio
		KV 2: Bewertung des Portfolios
		KV 3: Mitschüler-Feedback
		KV 4: Reflexionsbogen für die Selbsteinschätzung (1–2)
Sprachspielereien · 8–11 Stunden (KV 5 bis KV 11)		
Sprachspielerei	Um die Ecke denken: Mit Buchstaben und Wörtern spielen	KV 5: Sprachknobeleien
Mini-Geschichten mit Dialog	Abc-Darium: Alliterationen bilden, Text schreiben	KV 6: Alberner Anorak trifft rüpelhafte Radlerhose
Wortschatztraining	Nomen-Wortkombinationen nach Zufallsprinzip finden	KV 7: Minilexikon für Worterfinder, Schere, Tacker
Redewendungen	Redewendungen erklären und bildlich darstellen	KV 8: Mach halblang, sagte die Katze und fiel in die Grube
Clustering	Erklärung und Übung zum Clustering	KV 9: Clustering
Auseinandersetzung mit einer Kurzgeschichte	Personifizierung der Angst: Selbstdarstellung, Dialog, Comic und Karikatur	KV 10: Meine Angst lässt grüßen (1–2), Bleistift, Farbstifte
Mindmapping	Themenbezogenes Erstellen einer Mindmap	KV 11: Kino im Kopf – Mindmapping, Bleistift, Farbstifte
Kreative Schreibprozesse · mindestens 15 Stunden, 26–30 Stunden (KV 12 bis KV 26)		
Fiktive Produktentwicklung und Handhabe	Gebrauchsanweisung für eine verrückte Erfindung schreiben	KV 12: Aus der Tüftlerwerkstatt, Bleistift, Farbstifte
Von der Collage zur Geschichte	Verschiedene Elemente einer Collage frei miteinander kombinieren	KV 13: Wohldosierte Frechheiten, DIN-A4-Papier, Stifte
Wortschatzübung	Lückentext mit Adjektiven ergänzen und Geschichte zu Ende schreiben	KV 14: Wie trickse ich meine Eltern aus? (1–2)
Magazinbericht	Verdichten von „unnützen" Fakten zu einem Bericht für ein Magazin	KV 15: Krümelmonster dürfen keine Kekse mehr essen, Computer, Farbstifte
Auf dem Weg zur Episode: Symbole und Hinweise	Zu Symbolen und Hinweisschildern assoziieren und eine Episode erfinden	KV 16: 1, 2 Fly – ab in den Urlaub
Kurzkrimi	Kurzkrimi auf der Grundlage einer Mindmap entwickeln	KV 17: Überfall auf Mr. Moose, Papier/leichter Karton im Postkartenformat
Verrückte Reportage	Konkrete Vorgaben (Ort, Zeit …) für eine verruckte Reportage verwenden	KV 18: Beam dich weg!
Hörgeschichte	Anhand von Bildern eine Handlungsabfolge konstruieren und vertonen	KV 19: Hörgeschichte (1–2), Kassettenrekorder/Diktiergerät
Fiktiver, wissenschaftlicher Artikel	Von einer fiktiven Recherche zu einem Geolino-artikel	KV 20: Planet Wissen (1–2), Bleistift, Farbstifte
Kurzgeschichte mit Hauptfigur	Von der Bildbetrachtung zu einer Kurzgeschichte mit vorgegebenem Wörterpool	KV 21: Wem gehört das Fahrrad?
Gedichte	Gedichte schreiben mit Wortmaterial, das nach Zufall ausgewählt wird	KV 22: Zufallspoesie (1–2)
Automatisches Schreiben	Dialoggerüste vervollständigen	KV 23: „Sind Äpfel da?" (1–2)
Fantasiegeleitete Figurenanalyse	Textauszug als Grundlage für eine Kurzgeschichte verwenden	KV 24: Schipinsky kehrt zurück (1–2), KV 26: Informationskarten (Kurzgeschichte/Erzählen)
Perspektivisches Schreiben	Fiktives Gespräch erfinden	KV 25: Herr Wendriner erzieht seine Kinder (1–2), KV 26: Informationskarten (Kurzgeschichte/Erzählen)

Allgemeines zum Kreativen Schreiben

Kreatives Schreiben entstand in den USA als eine Schreibbewegung für Laien und nicht etwa als ein Ausbildungsportal für angehende Schriftsteller. Schreiben sollte der breiten Masse als Unterhaltung, für ein besseres Verstehen der eigenen Person, vielleicht auch als Möglichkeit der Selbsttherapie angeboten werden. Durch verschiedene Methoden sollten Zugänge für eigenes – zu Beginn meist biografisches – Schreiben geschaffen werden, jedoch immer verbunden mit der Vermittlung von Schreibhandwerk und dem Anspruch, sich einer gewissen literarischen Form anzunähern.

Den Begriff *Kreativität* könnte man so beschreiben: Jedes Handeln ist dann kreativ, wenn etwas Neues entsteht. Dabei werden die Ebenen kreativen Handelns nicht hierarchisch gewertet: Sie können nur ein Individuum, einen bestimmten Kulturkreis betreffen oder aber auch global von Bedeutung sein, jedoch nie lösgelöst von einem gesellschaftlichen Kontext. Preiser/Buchholz[1] zählen sieben wichtige Fähigkeiten der Kreativität auf: Problemsensibilität, Einfalls- und Denkflüssigkeit, Flexibilität, Originalität, Umstrukturierung, Ausarbeitung und Durchdringung.

Übertragen auf das Kreative Schreiben bedeutet dies, zunächst sprachliches Material ungefiltert, frei assoziiert zu sammeln, danach das Material mit neuen Bedeutungen zu erweitern, um die Ideen zielgerichtet zu ordnen, sich von Unbrauchbarem zu trennen und es dann zu einem Ganzen, einem Text zusammenzufügen. Am Ende erfolgt eine bewusste Überarbeitung, die im Idealfall zum Finden eines eigenen Stils führt.

Kreatives Schreiben beinhaltet trotz des individuellen Ansatzes die aktive Auseinandersetzung mit literarischen Formen. Sprachliche Experimente werden bewusst mit einbezogen. Wie wissenschaftlich bewiesen werden konnte, sind beim Schreiben beide Hemisphären des Gehirns beteiligt (vgl. G. L. Rico[2]). Verkürzt ausgedrückt: Die linke Hälfte (ratio) wird von der rechten (emotio) unterstützt. Emotionales und Rationales verschmelzen zu einer Einheit, indem letztlich ein integrierender Prozess stattfindet. Denken vollzieht sich also sowohl divergent (quantitative und qualitative Vielfalt) als auch konvergent (logische Schlussfolgerungen).

Bietet man *Kreatives Schreiben* im Deutschunterricht an, so sind die Ziele nach Lutz von Werder[3] folgende:
- Veränderung der Sprach- und Ausdruckskompetenz
- Entwicklung von Schreib- und Spielkompetenz
- Verbesserung der interpersonellen Kommunikation
- Ausbau der Selbsterfahrung, Selbstwahrnehmung und Selbstverantwortung

Kreatives Schreiben hat den Anspruch, Geschriebenes öffentlich zu machen. Damit ist in erster Linie gemeint, das eigene Produkt zur Disposition zu stellen, um ein Feedback zu erhalten. So verändert sich nicht nur die eigene Sprachkompetenz, es werden auch Ungereimtheiten aufgedeckt und Unverständliches benannt. Erst nach erneuter Überarbeitung erfolgt eine endgültige Fassung.

[1] Preiser, Siegfried/Buchholz, Nicola (2004): Kreativität. Ein Trainingsprogramm für Alltag und Beruf. Heidelberg/Kröning, S. 32.

[2] Rico, Gabriele L. (1987): Garantiert schreiben lernen. Sprachliche Kreativität methodisch entwickeln – ein Intensivkurs auf der Grundlage der modernen Gehirnforschung. Reinbek, S. 66–76.

[3] Werder, Lutz von (2007): Lehrbuch des kreativen Schreibens. Wiesbaden, S. 330.

Didaktisch-methodischer Kommentar

Kreativität ist letztendlich totale Disziplin …
oder
Fantasie ist wichtiger als Wissen, denn Wissen ist begrenzt.

Kreativität und Disziplin, Fantasie und Wissen scheinen zunächst unüberbrückbare Gegensätze zu sein. Disziplin ermöglicht zielgerechtes Vorgehen und Kreativität braucht zunächst das Chaos, die Grenzüberschreitung. Dagegen ist Fantasie ohne Wissen kaum denkbar.

In der folgenden Unterrichtsreihe wird versucht, sich diesen vier Elementen anzunähern und sie zusammenzubringen. Sie finden in diesem Heft sowohl die Inszenierung von Kreativität, aber auch die Vermittlung von grundlegendem Handwerk, um die Umsetzung von Ideen durch kreatives Handeln sichtbar zu machen.
Es geht hier in erster Linie nicht um Rechtschreibung, Grammatik oder Erfassen von Texten, sondern um die Erweiterung der individuellen Sprachkompetenz und im besten Fall um die Entwicklung eines eigenen Sprachstils. Das Angebot reicht vom Einfachen zum Schweren (Wagenschein), von der Sprachknobelei zu vorgegebenen Textstrukturen, von Bildelementen zu einfachen Texten, bis hin zu anspruchsvollen eigenen Textkompositionen.

Wenn man sich für das Kreative Schreiben im Unterricht entscheidet, so muss man sich bewusst sein, dass Annäherung, sprachliches Experimentieren und eigene Textprodukte als Ausdruck persönlicher Zugänge nicht direkt bewertbar sind. Es gibt keine messbaren, allgemeingültigen Lösungen. Daher bieten wir die Gestaltung und das Führen eines Portfolios an, das die Schreibprozesse der Schüler dokumentiert und reflektiert. Kennen die Schüler die Kriterien, steht ihnen ein Raster zur Verfügung, an dem sie sich orientieren können. Somit verfügen sie über ein Instrumentarium, das über eine literarische und gestalterische Form zu einer fairen Bewertung führen kann.

Das Heft beginnt damit, Schüler mit dem Begriff des Kreativen Schreibens zu konfrontieren und eine Klärung für die Unterrichtsreihe herbeizuführen. Im Anschluss daran wird die Portfolioarbeit vorgestellt sowie der Feedback- und Reflexionsbogen (KV 1

bis 4). „Klassische" Methoden zur Ideenfindung (Clustering und Mindmapping) finden Sie auf KV 9 und 11. – Die konkrete Anwendung dazu können die Schüler mit KV 17 und 24 ausprobieren. Schließlich bieten einige Gestaltungsvorschläge auf den KVs die Möglichkeit, eigene Textproduktionen zu illustrieren bzw. individuell zu gestalten. Die KVs 5 bis 8 sowie 12 bis 21 bieten auf verschiedenen Ebenen die Möglichkeit, Sprache auf ungewöhnliche Art und Weise kennenzulernen oder sich über visuelle und akustische Kanäle mit Sprache auseinanderzusetzen. Zur Umsetzung umfangreicher eigener Textproduktionen eignen sich die KVs 22 bis 25. Diese Seiten bieten unterschiedliche Schreibanlässe: Zufallspoesie, aus dem Alltag herausgelöste Dialogfetzen, einen Zeitungsartikel und einen literarischen Textausschnitt.

Einstieg

Kreatives Schreiben unterscheidet sich elementar von anderen Bereichen des Deutschunterrichts.

In der Renaissance stellten Künstler und Architekten Beispiele ihrer Arbeit, also Skizzen und Entwürfe mit verschiedenen Arbeitstechniken und -stilen in einer Mappe zusammen. Damit bewarben sie sich an einer Akademie. Auch ein Portfolio hat einen ähnlichen Charakter. Bisher ist es aber noch nicht gelungen, eine einheitliche Definition bzw. Kriterien zu erstellen, die ein Portfolio ausmachen. Portfolios sind daher sehr unterschiedlich und individuell. Aber darin liegt vielleicht auch die Chance.

Schon 1916 forderte John Dewey, Lernprozesse für Lernende an deren Lebenswirklichkeiten zu orientieren, sie prozesshaft und offen anzulegen. Zunächst im anglo-amerikanischen Raum, inzwischen auch in Deutschland, wird Portfolio-Arbeit als eine Bewertungsgrundlage im Unterricht eingesetzt. Ziel für die Schülerin, den Schüler ist es, vorhandenes Wissen einzubringen, zu vertiefen und sich eigenverantwortlich mit einer gestellten Aufgabe auseinanderzusetzen. Dabei handelt es sich immer um einen aktiven Konstruktionsprozess[4]. Das heißt, die individuelle Auswahl an Informationen, die Wertung und die Interpretation sind gleichermaßen Bestandteile eines Portfolios. Damit Portfolio-Arbeit[5]

© Cornelsen Verlag Scriptor, Berlin

Didaktisch-methodischer Kommentar

nicht im Aneinanderreihen von gefundenen Quellen und lustlosen Statements steckenbleibt, sind für die Schüler einsichtige Kriterien und Begleitung sowie Auseinandersetzung und Reflexion nötig. Dies impliziert, dass der eigene Lernprozess öffentlich gemacht wird, um so Anregung zur eigenen, vertiefenden Arbeit zu erhalten.

Bei Bräuer (s. S. 9) findet sich eine Übersetzung von Paulsen et al., die beinhaltet, dass ein Portfolio vor allem „ein Entwicklungsinstrument für selbst bestimmtes Lernen" ist:

„Ein Portfolio ist eine zielgerichtete und systematische Sammlung von Arbeiten, welche die individuellen Bemühungen, Fortschritte und Leistungen des Lernenden in einem oder mehreren Lernbereichen darstellt und reflektiert. Im Portfolioprozess wird der Lernende an der Auswahl der Inhalte, der Festlegung der Beurteilungskriterien sowie an der Beurteilung der Qualität der eigenen Arbeit beteiligt."

In einer Unterrichtsreihe zum Kreativen Schreiben sollte der interdisziplinäre Aspekt nicht fehlen. Fächerverbindend kann mit den Fächern Kunst und Musik zusammengearbeitet werden. Anregungen und nötige Instrumentarien dazu sollten den Schülerinnen und Schülern zur Verfügung stehen. Im Hinblick auf die Beurteilung von Arbeiten, die während einer Einheit zum Kreativen Schreiben entstehen, erscheint vor diesem Hintergrund die einzig angemessene Form der Bewertung das Führen eines Prozess-Portfolios. Dieses Portfolio bezeichnet eine Mappe, in der die Schülerinnen und Schüler alles – auch literarische Vorbilder und Fehlversuche – sammeln, ordnen, überarbeiten, begründen und reflektieren. Das heißt, es geht hier nicht um eine Art „Show-Portfolio", in dem nur die besten Ergebnisse präsentiert werden.

Beratung und Begleitung sollte sowohl auf der Peergroup-Ebene als auch auf der Lehrer- bzw. Experten-Ebene (z. B. ein Autor) stattfinden, wenn das Erreichen eines möglichst hohen Grades an Qualität Ziel ist. Auf Seite 7 finden Sie Vorschläge für einen Eltern-Informationsbrief. Bei den Kopiervorlagen findet sich ein Mitschüler-Feedback (KV 3) und ein Rückmeldebogen für die eigene Reflexion zum Kreativen Schreiben (KV 4).

Sprachspielereien

Die „Sprachknobeleien" in diesem Kapitel sollen einerseits den Weg zum spielerischen und respektlosen, aber sehr kreativen Umgang mit Sprache ebnen. Auf der anderen Seite bieten die KVs zum Clustering und Mindmapping auch methodisches Handwerk für das Kreative Schreiben.

Die Sprachknobelei (KV 5) erfordert, sich von Bekanntem und Sichtbarem zu lösen. Nur ein „Um-die-Ecke-Denken" führt zu einer Lösung. Da sich die Wortbilder z. T. nicht einfach erschließen, wurden die Lösungen in die KV integriert.

KV 6 bietet Anreize, mithilfe vorgegebener Spielregeln neue Wörter und Alliterationen zu finden sowie einen Dialog zu schreiben.

Bei KV 7 ist Handlungsorientierung gefragt: Anlog zu bekannten Klappbüchern können hier verrückt zusammengesetzte Wortneuschöpfungen nach dem Zufallsprinzip entstehen.

KV 8 berücksichtigt die Alltagssprache der Jugendlichen bzw. allgemein bekannte Redewendungen und versucht aufzuzeigen, dass sich Sprache und deren Bedeutung ständig verändert. Im Alltag werden oft Redewendungen und Sprüche gebraucht, deren Bedeutung sich im Laufe der Zeit verändert haben. Möglich ist auch, dass die Bedeutung bleibt, aber der ursprüngliche Spruch bzw. die Redewendung nicht mehr wiederzuerkennen ist. Eine Sprache beherrscht man nicht zuletzt erst dann, wenn man ihre Idiome versteht.

Wie schon an anderer Stelle erwähnt, sind die Methoden des Brainstormings, Clusterns und Mindmappings basale Elemente Kreativen Schreibens. Diese „klassischen" Methoden zur Ideenfindung finden Sie auf KV 9 und KV 11. Als Fortführung der Cluster-Methode ist das Mindmapping zu verstehen. Hier werden zuvor spontan zusammengestellte Ideen (Clustern) konkretisiert und strukturiert (Mindmap). Die Schüler erhalten sowohl zum Clustern als auch zum Erstellen der Mindmap Kriterien und Anleitung mit weiterführenden Aufgaben.

Didaktisch-methodischer Kommentar

Liebe Eltern, liebe Berater der Portfolio-Arbeit!

Wir starten demnächst eine Unterrichtsreihe „Kreatives Schreiben". Es geht hier in erster Linie nicht um Rechtschreibung, Grammatik oder Erfassen von Texten, sondern um die Erweiterung der individuellen Sprachkompetenz und im besten Fall um die Entwicklung eines eigenen Sprachstils. Das Angebot reicht von der Sprachknobelei zu vorgegebenen Textstrukturen, von Bildelementen zu einfachen Texten, bis hin zu anspruchsvollen eigenen Textkompositionen. In diesem Zusammenhang bietet sich das Führen eines Portfolios an, das die Schreibprozesse der Schüler dokumentiert und reflektiert.

Die Schüler kennen die Kriterien zum Führen eines Portfolios und orientieren sich daran. Somit steht ein Instrumentarium zur Verfügung, das über eine literarische und gestalterische Form zu einer fairen Bewertung führen kann, denn eigene Textprodukte als Ausdruck persönlicher, kreativer Zugänge sind schwer bewertbar.

Wie sieht sinnvolle Mithilfe und Beratung aus?
- Sie können Ihr Kind unterstützen, indem Sie sich erklären lassen, woran es gerade arbeitet und welches Ziel ansteht.
- Sie können sich eigene Textproduktionen anhören und rückmelden, ob sich für Sie z.B. ein „Roter Faden" erschließt oder die gewünschte Absicht (Krimi, Unsinngedicht etc.) beim Zuhörer oder Leser auch ankommt.
- Sie können Ihrem Kind helfen, Experten oder Expertinnen zu finden, die Auskünfte geben können.
- Sie können Ihr Kind anhalten, auf die Form der Mappe zu achten und sich an den Bewertungskriterien zu orientieren.
- Sie können Ihr Kind ermutigen, die Arbeit eigenverantwortlich zu erledigen.
- Sie sollen keine Arbeiten für Ihr Kind übernehmen (z.B. recherchieren, schreiben, kleben, ausschneiden, zeichnen, collagieren ...)
- Sie sollen nicht korrigieren.
- Sie sollen keine zusätzlichen Ansprüche formulieren, die über Vereinbarungen und Zielformulierungen aus dem Unterricht hinausgehen.

Für die Unterstützung im Sinne der Kinder danke ich Ihnen.

Viele Grüße

Kreative Schreibprozesse

Als Übergang von den eher spielerischen Angeboten zu den umfangreicher angelegten Textproduktionen sind die Kopiervorlagen 12 bis 14 zu verstehen.

„Aus der Tüftlerwerkstatt" (KV 12) bietet über einen technischen Zugang eine etwas andere Art, sich sprachlich auszudrücken. Die Schülerinnen und Schüler formulieren eine Gebrauchanweisung für eine technische Neuerung.

Kreatives Schreiben lebt von einem „Crossover" unterschiedlicher Inhalte, aber auch von einem differenzierten und bildhaften Umgang mit Sprache. Dazu soll KV 13 in Form einer komplex angelegten Collage einen Anreiz bieten. Die einzelnen Elemente der Collage haben zunächst inhaltlich nichts miteinander zu tun. Durch fantasievolles Assoziieren stellen die Schüler einen Zusammenhang her und lassen daraus eine Geschichte entstehen.

Der Lückentext „Wie trickse ich meine Eltern aus?" (KV 14) ist eine den Schülern bekannte Form, die hier jedoch nicht Wissen abfragt, sondern sich nur auf Adjektive stützt, die gefunden werden müssen. Es geht hier nicht unbedingt um realistische, passgenaue Aussagen, sondern um spontane Einfälle, die sich zu einer verrückten oder lustigen Story verdichten sollen. Die weiterführende Aufgabe besteht darin, den Text im gleichen, eher zufällig entstandenen Sprachstil fortzuschreiben.

Kreativität und Fantasie lebt oft von losgelösten Fakten und Bekanntem in anderen Zusammenhängen. Vermutlich ist das Krümelmonster inzwischen

Didaktisch-methodischer Kommentar

ein feststehender Begriff, egal ob Schüler die Se-samstraße kennen oder nicht. Eine Liste „unnützer Fakten" sollen in KV 15 zu einem schlüssigen Text verwoben und layoutet werden. Schüler können sich dabei an Tageszeitungen oder Magazinen orientieren, um so zu einem Artikel zu finden. Es geht hier nicht nur um eine anspruchsvollere Textform, sondern auch um die Verknüpfung von visuellen Gestaltungsaufgaben mit Text und Bild.

Täglich werden Schüler mit einer Fülle von zeichenhaften Informationen, Firmen-Logos und Produktwerbungen überschwemmt. Dies geschieht unbewusst und kommt erst dann zum Tragen, wenn ein Bedürfnis vorliegt oder provoziert wird. Ein internationaler Flughafen ist Schülern heute eher vertraut als ein großer Bahnhof. Auf KV 16 begegnen Schülern einer Fülle von Schildern, die ihnen in den meisten Fällen bekannt vorkommen müssten. Sie sollen eine Auswahl treffen und mithilfe des Wörterpools eine Episode schreiben. Der Ort des Geschehens ist hier festgelegt, die Auswahl der Wörter dient nur als Anregung und sollte ergänzt werden. Macht die Vorgabe des Ortes Schülern Probleme, können Kaufhaus, Bahnhof, Fußgängerzone usw. eine Alternative bieten.

Anknüpfend an das Buch und den gleichnamigen Film bietet die Gestalt des Mr. Moose einen Protagonisten für einen Minikrimi. Das Angebot der KV 17 bezieht sich auf den Prozess der Ideenfindung mithilfe einer Mindmap. Die Beschränkung der Geschichte auf das Format einer Postkarte fordert einen komprimierten Umgang mit fiktiven Fakten, die auf einen Höhepunkt zusteuern müssen. Es kann abschließend eine Faltbox in Gemeinschaftsarbeit gebastelt werden, in der alle in der Lerngruppe entstandenen Mr.-Moose-Krimis gesammelt und als Gemeinschaftswerk verschenkt oder auf dem nächsten Flohmarkt anlässlich einer Schulveranstaltung verkauft werden können.

Kriterien für eine „gute" Geschichte sind die Festlegung von Ort, Zeit und Charakteren, die in eine schlüssige Handlung mit einem Anfang und mit einem stimmigen oder überraschenden Schluss eingebunden werden müssen. An diese bekannten Parameter wird bei KV 18 mithilfe von Begriffen und von bildlichen Darstellungen als visuellem Input angeknüpft.

Während bei allen Kopiervorlagen auf Assoziationen, visuelle Anreize oder auf Bilder im Kopf ge-

setzt wird, berücksichtigt KV 19 einen weiteren Zugang, nämlich den Hörsinn. Eine zweiteilige Bildfolge gibt Anfang und Ende einer Geschichte vor, die akustisch unterlegt werden soll. Schülern sind solche Situationen auf dem Schulweg, in der Pause, aber auch aus den Medien bekannt. Inhaltlich sollen sich die Schüler mit der dargestellten Situation auseinandersetzen und diese dann sprachlich modifizieren. Bei der Verstärkung des Textes durch Musik, Sprache und Hintergrundgeräusche verändert sich die Dramaturgie und bindet den Zuhörer emotionaler in das Geschehen ein. Dies muss bei der Herstellung der Hörgeschichte vom Autor des Textes bedacht werden. Das Raster auf der Kopiervorlage ist an Drehbücher angelehnt und dient der besseren Übersicht.

Eine andere Form der Textproduktion ist ein pseudowissenschaftlicher Artikel. KV 20 soll hier den Schülern, die sich eher in Sachtexten wiederfinden, ein Forum bieten. Beliebte Wissenschaftssendungen und das Interesse an urzeitlichen Erkenntnissen sind Ausgangspunkt für die fiktive Nachricht eines regionalen Fernsehsenders. Vorhandenes Wissen der Schüler soll aktiviert oder über die Recherche erlangt bzw. erweitert werden. Der Übersichtsbogen erleichtert durch seine vorgegebene Struktur die Arbeit. Angelehnt an biologische Raster werden hier Informationen sachgerecht geordnet und dann in einen Fließtext eingearbeitet. Da viele Schüler sich nicht nur verbal, sondern auch durch Skizzen, Zeichnungen und mit Clip-Art-Versatzstücken ausdrücken möchten, wird dieser Ausdrucksform zusätzlich Raum gegeben.

In der nächsten KV (21) ist wieder Fantasie gefragt, ausgelöst durch einen visuellen Anreiz. Ein Fahrrad soll neugierig machen. Über Vermutungen, die an fremde und eigene Erfahrungen anknüpfen, soll sich dem Besitzer dieses Fahrrades angenähert und (s)eine Geschichte erzählt werden. Eine Bildbetrachtung ist Ausgangspunkt für eigenes Schreiben. Primär geht es hier um freies Assoziieren zu der Abbildung. Nicht nur der Inhalt der Tüten und Taschen ist Anlass für Vermutungen über den Besitzer. Das gesamte Motiv gibt Anregungen zu einer nicht dargestellten Person und zu ihrer Lebensweise. Die Wörter im Pool zielen eher auf eine emotional gefärbte Episode als auf eine prosaische Kurznachricht in einer Stadtteilzeitung.

Didaktisch-methodischer Kommentar

Oftmals fällt es Schülern leichter, kurze und überschaubare Texte zu produzieren. Mit den beiden Arbeitsblättern der KV 22 wird den Schülern ein kreativer Umgang mit Lyrik ermöglicht. Themenbezogene Wörterpools sind nur als Vorschläge für eigene Ideen gedacht. Als Präsentationsformen bieten sich eine Poetry-Slam oder die Gestaltung eines Poetischen Raumes an. Denkbar ist selbstverständlich auch, die Ergebnisse lyrischer Gestaltung in das zuvor beschriebene Portfolio z. B. als Alternative zu anderen Textformen aufzunehmen und in die Bewertung einfließen zu lassen.

Das Automatische Schreiben als eine wichtige Methode der eigenen Textproduktion wird auf KV 23 kurz und knapp erklärt. In Partnerarbeit können spannungsreiche Dialoge entstehen, wenn die vorgegebenen Dialoggerüste ausgebaut werden. Die Vorgaben sind einfache alltägliche Fragen oder Aufforderungen, mit denen sich seit „ewigen Zeiten" bis heute Jungen und Mädchen, Frauen und Männer gleichermaßen beschäftigt haben. Wichtig im Ausprobieren dieser Methode ist es, die entstandenen Texte nicht mehr zu überarbeiten – das macht den Reiz des Automatischen Schreibens aus. Auch wenn manches vielleicht im Nachhinein unlogisch oder unpassend erscheint, ist dies gerade der Hinweis auf reale Momente, denn auch im Alltag trifft man gerade in der dialogischen Auseinandersetzung mit einem Gesprächspartner auf Unstimmigkeiten. Das Thema bietet außerdem ein breites Spektrum zur Auseinandersetzung mit dem Themenbereich „Sprache und Kommunikation". Die Fragen „Wie funktioniert Kommunikation?" und „Welche Ursachen sind für Störungen verantwortlich?" können sehr anschaulich an den eigenen in Szene gesetzten Dialogen festgemacht und reflektiert werden.

Mit Unterstützung von KV 24 und KV 25 sollen sich die Schüler in fiktive Figuren eines Zeitungsartikels und eines Textauszuges einfühlen, um das personale Erzählen konkret über die fantasiegeleitete Figurenanalyse, die erlebte Rede und den inneren Monolog zu üben. Was in KV 24 zunächst wie eine einfache Zeitungsmeldung aussieht, offenbart sich als ein interessantes Verhältnis zweier Personen, deren Komplexität der Fantasie des Lesers überlassen bleibt. Mithilfe der Cluster-Methode werden den Charakteren Eigenschaften zugeordnet, um das Beziehungsgeflecht zu dechiffrieren. Aufgrund der Informationen und Andeutungen im Textausschnitt sollen die Schüler dann eine Kurzgeschichte entstehen lassen. Diese Textform eignet sich besonders gut wegen ihrer grundsätzlichen Offenheit, denn sie lässt es ohne große Umschweife zu, direkt ins Geschehen einzusteigen und kann auch abrupt enden. Wesentliche Kriterien zur Erstellung einer Kurzgeschichte und zum Erzählen sind auf KV 26 zu finden. Ein auf den ersten Blick völlig harmlos wirkender Ausflug, entlarvt auf KV 25 den problematischen Erziehungsstil eines Vaters und bietet in der Entwicklung eines fiktiven Gesprächs ausreichend Gelegenheit, das Verhalten des Protagonisten kritisch zu hinterfragen.

---

[4] Bräuer, Gerd (2000): Schreiben als reflexive Praxis. Tagebuch, Arbeitsjournal, Portfolio. Freiburg im Br., S. 147.

[5] Literatur-Tipp: Schwarz, J./Volkwein, K./Winter, F. (Hrsg.) (2008): Portfolio im Unterricht. Seelze.

SCRIPTOR

Übersichten zur Stundenverlaufsplanung

Verlauf der UE	Zeit/h	Kopiervorlage	Lernziele	Methoden/Kompetenzen	Sozialform	Medien
Einstieg						
2 bis 3 Stunden	1–2	KV 1: Arbeit mit dem Portfolio	Informationen entnehmen, begreifen und für die eigene Arbeit mit dem Portfolio umsetzen können	Verstehen, dass ein Portfolio der Dokumentation, Reflektion und der Präsentation der eigenen Arbeit dient	EA	Grundsätzlich: Hefter/Ordner; Lexika, Wörterbücher, Internetzugang, Fachbücher, Schreibutensilien
	1	KV 2: Bewertung des Portfolios; KV 3: Mitschüler-Feedback; KV 4: Reflexionsbogen für die Selbsteinschätzung (1–2)	Bewertungskriterien kennenlernen und verstehen; Unbekanntes klären; Bögen von KV 3 und 4 erläutern	Bewertungskriterien umsetzen	EA, evtl. PA	
Sprachspielereien						
8 bis 11 Stunden	0,5	KV 5: Sprachknobeleien	Buchstabenbilder als Begriffe oder Sätze identifizieren; mit Sprache kreativ umgehen	Mit Sprache experimentieren und Sprache zuordnen	PA	
	1,5	KV 6: Alberner Anorak trifft rüpelhafte Radlerhose	Abc-Darium mit eigenen Wörtern füllen; Alliteration erkennen und übernehmen; eigenes Abc-Darium erstellen	Unbekannte Begriffe nachschlagen; mit Sprache experimentieren; durch Erstellen eines eigenen Abc-Dariums die Vorgabe adaptieren	EA/PA	
	1	KV 7: Minilexikon für Worterfinder	Mithilfe eines Minilexikons mehrgliedrige Nomen finden und ggf. erklären können; Wörter als komplexe Sprachgebilde wahrnehmen	Bastelanleitung umsetzen; als Spiel einsetzen	EA/PA	Schere, Tacker
	1	KV 8: Mach halblang, sagte die Katze und fiel in die Grube	Redensarten in ihrem ursprünglichen Kontext erläutern, die übertragene Bedeutung erklären und an Beispielen aufzeigen	Historische Recherche durchführen; Umgang mit dem Lexikon trainieren	EA	
	1	KV 9: Clustering	Die Methode verstehen und anwenden können, indem zum Begriff „Angst" frei assoziiert und die vorgegebene Struktur genutzt wird	Clustering als Assoziationsmethode adäquat und sinnvoll nutzen	EA	
	1–2	KV 10: Meine Angst lässt grüßen (1)	Begreifen, dass die „Angst" keine Person ist, die Handlung selbst sich in der Vorstellung des Erzählers abspielt, um die eigene Panik zu überwinden; den Ich-Erzähler charakterisieren	Text erschließen nach 5-Schritt-Lesemethode (überfliegen, Fremdworte bzw. „Ungereimtheiten" klären; Schlüsselwörter markieren, konkrete Fragen an Text stellen, Inhalte zusammenfassen)	EA/PA	

© Cornelsen Verlag Scriptor, Berlin

Übersichten zur Stundenverlaufsplanung

Einstig

Verlauf der UE	Zeit/h	Kopiervorlage	Lernziele	Methoden/Kompetenzen	Sozialform	Medien
Einstieg						
	1–2	KV 10: Meine Angst lässt grüßen (2)	Sich in die Rolle des Ich-Erzählers versetzen; eine Selbstdarstellung mithilfe eines Fragenkatalogs schreiben; den Text mithilfe eines Dialogs so verändern, dass die Verweigerungshaltung der personifizierten Angst sichtbar wird; Skizzen für einen Comic oder eine Karikatur entwickeln	Inhalte zeichnerisch umsetzen und sich dabei der Karikatur und des Comics bedienen	EA	Bleistift, Farbstifte
	1–2	KV 11: Kino im Kopf – Mindmapping	Sich für einen persönlichen Helden entscheiden und diesen zum Mittelpunkt der Ideenfindung machen; die vorgegebene Struktur zur Mindmap ausfüllen und dabei die Eigenschaften des Helden, Mitspieler, Ort und Zeit beachten; eine Geschichte zum Thema „Helden" anhand der aufgelisteten Notizen schreiben	Sich mit Medien auseinandersetzen, indem über den „persönlichen" Helden recherchiert wird, Ideen mit der Mindmap strukturieren und bekannte Kriterien zum Schreiben einer Geschichte anwenden	EA	Bleistift, Farbstifte
Kreative Schreibprozesse						
26 bis 30 Stunden	2–3	KV 12: Aus der Tüftlerwerkstatt	Statement über das Essverhalten der Deutschen verstehen und diese Information in eine fiktive Erfindung (Teller) übertragen; analog zur Erfindung die passende Gebrauchsanweisung benutzerfreundlich schreiben	Konstruktionsskizze anfertigen und sich dabei an industriellen Vorgaben orientieren	EA	Bleistift, Farbstifte
	2–3	KV 13: Wohldosierte Frechheiten	Bild- und Wortinformationen wahrnehmen; eine Auswahl treffen; zu dieser Assoziationen aufschreiben und daraus entweder eine Wort-Collage, eine kurze Story, einen Comic oder ein Gedicht entstehen lassen	Sich mit Gestaltungsmerkmalen beschäftigen und umsetzen; verschiedene Verwendungsmöglichkeiten abwägen und sich für eine Umsetzung entscheiden	EA	DIN-A4-Papier, Stifte
	1	KV 14: Wie trickse ich meine Eltern aus? (1–2)	Inhalt der Geschichte erfassen, Lückentext in Partnerarbeit mit Adverbien bzw. Adjektiven grammatikalisch korrekt füllen; sich dabei bewusst machen, dass die Auswahl der eingesetzten Wörter Einfluss auf die „Stimmung" der Geschichte hat; adäquaten Schluss finden	Wortschatz erweitern; Geschichte adressatenbezogen vortragen können	PA/GA	
	2	KV 15: Krümelmonster dürfen keine Kekse mehr essen	Fakten lesen und verstehen; verschiedene Fakten kombinieren und in einen sinnvollen Zusammenhang bringen; adressatenbezogen schreiben (sensationelle Story in Lifestyle-Magazin); dazu passendes Layout entwerfen und für eigenes Textprodukt angemessen umsetzen	Unbekannte Wörter nachschlagen; eigenen Text angemessen präsentieren und sich dabei an journalistischen Vorbildern orientieren	EA	Computer, Farbstifte
	2	KV 16: 1, 2 Fly – ab in den Urlaub	Unbekannte Hinweisschilder und Logos erklären können; sich über situationsbestimmende Faktoren Gedanken machen, diese stichpunktartig verschriftlichen; sich in eine Situation einfühlen und daraus eine Episode entwickeln; ggf. Wörter-Pool nutzen	Verschiedene Inhaltsebenen wie „Gefühl", „Wetter" usw. mithilfe eines Wörter-Pools modifizieren	EA/PA	
	2	KV 17: Überfall auf Mr. Moose	Genre „Krimi" kennen und wesentliche Merkmale herausarbeiten; Kurzkrimi mit den Schwerpunkt „Ermittlung" und „Lösung des Falls" komprimiert als Postkartentext aufschreiben	Mindmap als Methode zur Ideenkonkretisierung nutzen; Postkarte als ungewöhnliche Präsentationsform nutzen	EA	Papier/leichter Karton im Postkartenformat

Übersichten zur Stundenverlaufsplanung

Verlauf der UE	Zeit/h	Kopiervorlage	Lernziele	Methoden/Kompetenzen	Sozial-form	Medien
Kreative Schreibprozesse						
	2	KV 18: Beam dich weg!	Kriterien der Reportage als Textform nennen und erklären können; aus verschiedenen vorgegebenen Elementen (Ort, Fortbewegungsmittel, Zeitalter, Protagonist) eine Auswahl treffen und eine fiktive Handlung schlüssig konstruieren	Medien-Recherche (Fachbücher, Internet, Lexika) zu individuell ausgewählten Zeitaltern, Orten, Fortbewegungsmitteln und Protagonisten selbstständig durchführen; Illustrationen passend zum Text einsetzen	EA/PA/GA	
	3	KV 19: Hörgeschichte (1–2)	Situation aus einem Anfangs- und Schlussbild entnehmen, beschreiben; Mittelteil der Handlung rekonstruieren und die komplette Geschichte aufschreiben; zur Erstellung eines Drehbuches die Geschichte Satz für Satz in Drehbuch-Raster einfügen, sich passende und realisierbare Alltagsgeräusche einfallen lassen und den Sätzen zuordnen	Geräusche Handlungssträngen zuordnen, dabei vorgegebenes Drehbuch-Raster verwenden; Medien zur Umsetzung der Hörgeschichte fachgerecht einsetzen; Sprache hörspielgerecht einsetzen	PA/GA	Kassetten-rekorder/ Diktiergerät
	1	KV 20: Planet Wissen (1–2)	Hinweis zu einer TV-Sendung als Ausgangspunkt für einen Forscherauftrag nutzen; ein Tier/eine Pflanze erfinden und bildlich darstellen; anhand eines in der Biologie üblichen Rasters die fiktive Entdeckung kategorisieren und beschreiben	Sich mit Wissenschaftssendungen befassen und (pseudo-) wissenschaftlich umsetzen; mit Fachliteratur auseinandersetzen	EA	Bleistift, Farbstifte
	2	KV 21: Wem gehört das Fahrrad?	Motiv beschreiben; Vermutungen zu Bildelementen anstellen und notieren; anhand der Gegenstände auf den Besitzer des Fahrrades und seine Lebenssituation schließen; Wörter-Pool nutzen können und evtl. ergänzen; Kriterien der Gattung „Kurzgeschichte" beim Schreiben anwenden können	Interdisziplinäres Arbeiten kennenlernen und praktizieren	EA	
	2–3	KV 22: Zufallspoesie (1–2)	Wörtersammlung themenbezogen ergänzen; auf der Grundlage der Zufallswörter ein Gedicht schreiben z. B. nach einem gewissen Reimschema oder ein Gedicht im Sinne der konkreten Poesie	Anleitung zur Gedichtproduktion nachvollziehen; Präsentationsformen organisieren und durchführen	EA/PA/GA	
	2	KV 23: „Sind Äpfel da?" (1–2)	Dialoggerüst mit Teampartner aussuchen; sich aufgrund der kurzen Vorgabe separat in Kommunikationssituationen einfühlen; Dialogpart (männlich oder weiblich) auswählen; Dialog vervollständigen, indem abwechselnd auf die formulierten Dialogsätze reagiert wird; Dialog als szenisches Spiel veröffentlichen	Automatisches Schreiben für die szenische Interpretation nutzen	PA	
	1–2	KV 24: Schipinsky kehrt zurück (1–2); KV 26: Informationskarten (Kurzgeschichte/Erzählen)	Typischen Gegenstand ausdenken, mit dem die Figuren gekennzeichnet werden können; spontane Eindrücke zu den Figuren auf den Linien des Clusters gruppieren; eine Kurzgeschichte konstruieren und sich dabei auf einen Ausschnitt des Geschehens konzentrieren, den Wechsel zwischen Erzählerbericht und Figurenrede beachten, Nähe zur Alltagssprache berücksichtigen und Mehrdeutigkeit beibehalten	Epische Stilmittel analysieren und auf eigenes Textprodukt übertragen	EA	
	2	KV 25: Herr Wendriner erzieht seine Kinder (1–2); KV 26: Informationskarten (Kurzgeschichte/Erzählen)	Den Erziehungsstil des Protagonisten benennen und erläutern; den Erziehungsstil kritisch hinterfragen, indem über die Intention des Autors Vermutungen angestellt werden; ein fiktives Gespräch entwickeln, aus dem die Absicht des Autors deutlich wird	Begriffe (Erziehungsstile) eigenständig erschließen; Text kritisch hinterfragen, dabei textbezogen argumentieren	EA	

Arbeit mit dem Portfolio

*Wenn du in einer Mappe oder einem Ordner nach zuvor festgelegten formalen Vorgaben alles ab-heftest, was du selbstständig z. B. zu einem bestimmten Thema oder einer gezielten Fragestellung herausfinden willst, was du an Material dazu gesammelt hast, wie du vorgegangen bist und was du schließlich herausgefunden hast, dann hast du ein **Portfolio** produziert. Dieses Portfolio dokumen-tiert deinen gesamten Arbeitsprozess und zeigt deine Arbeitsergebnisse und verwendeten Metho-den – von der gestellten Aufgabe bis zum fertigen Produkt. Am Ende des Portfolios steht nicht nur ein fertiges Produkt, sondern auch die Auseinandersetzung mit der gesamten Arbeit über Rück-melde- und Reflexionsbögen und schließlich der schriftlichen Beurteilung deiner Lehrerin/deines Lehrers nach vorher festgelegten Kriterien.*

Die Arbeit mit dem Portfolio eignet sich gerade auch für den Bereich des „Kreativen Schreibens". Mit den folgenden Kopiervorlagen kannst du in einem Portfolio dokumentieren, wie du mit kleinen Sprachspielereien deinen Wortschatz trainierst, verschiedene Techniken zum Erfinden von Wör-tern oder Gedanken ausprobierst, und schließlich deinen persönlichen Text produzierst. Das kann ein Gedicht sein, ein Monolog oder Dialog, eine Kurzgeschichte, ein Krimi, eine Anekdote, eine Satire o. Ä.

Vorschlag: Inhaltsverzeichnis

1. Einstieg
- Persönlicher Bezug
- Formulierung des Ziels
- Kriterienliste
- Berater

2. Inhalt
- Hier: Kopiervorlagen (KV)
- Zusätzliche Materialien (z. B. zur Gestaltung)
- Eigene gestaltete oder illustrierte Text-produktion(en)

3. Reflexion
- Eigene Überlegungen zur Portfolio-Arbeit (evtl. KV von deiner/deinem L.)
- Mitschüler-Feedback (schriftlich über KV erhältlich von deiner Lehrerin/deinem Lehrer)
- Quellenangabe: Literaturliste, Hilfsmittel (z. B. Synonymwörterbuch, Reimlexikon, Texte literarischer Vorbilder usw.)
- Beurteilung des Fachlehrers (schriftl. über Feedbackbogen)

TIPPS
Liste im zweiten Teil deines Portfolios auf, welche KV du bearbeitet hast. Außerdem ist es un-bedingt erforderlich zu wissen, welche Quellen dir zur Verfügung standen. Schreibe sie auf und notiere, woher sie stammen. Setze deine(n) produzierten Text(e) gestalterisch um. Das kann eine besondere Schrift (Kalligrafie) sein, eine passende Zeichnung (Illustration), ein Foto oder eine Collage aus verschiedenen Materialien und Bildern.
Gestalte das Deckblatt deines Portfolios z. B. als eine auf deine Inhalte bezogene Collage mit Fotokopien von Texten und Zeichnungen, ein Foto von deiner kreativen Schreibarbeit in der Schule oder zu Hause, eine Zusammenstellung deiner Helden usw.

SCRIPTOR

Bewertung des Portfolios: Kreatives Schreiben

Kriterien	Mögliche Punkte	Erreichte Punkte
Vollständigkeit		
Deckblatt/Inhaltsverzeichnis	2	
Materialsammlung	2	
Textproduktion	2	
Endprodukt	2	
Quellenangabe	2	
Mitschülerfeedback	2	
Selbstreflexion	2	
Gesamt:	14	
Inhalt		
Qualität der Pflichtaufgaben (entsprechende KVs)	15	
Art und Umfang der Materialsammlung	5	
Auflistung sämtlicher Quellen	5	
Anzahl der Textproduktion	5	
Gesamt:	30	
Form		
Das Inhaltsverzeichnis ist übersichtlich, gut strukturiert und stimmt mit dem Inhalt des Portfolios überein.	8	
Das Deckblatt ist ideenreich gestaltet.	10	
Eigene Texte sind als solche gekennzeichnet.	2	
Die Texte sind gut lesbar und kreativ gestaltet.	10	
Gesamt:	30	
Lernprozess/Reflexion		
Die Texte lassen den Aneignungsprozess erkennen.	13	
Die Selbstreflexion (Rückmeldung) ist überzeugend, denn der individuelle Arbeitsprozess und Lernfortschritt ist sprachlich angemessen und aussagekräftig dokumentiert.	13	
Gesamt:	26	

Erreichte Punktzahl: _____ / _____   **Note:** _____

_____
Datum/Unterschrift

Legende zu den Bewertungskriterien:

1. **Vollständigkeit:** Inhaltsverzeichnis, Zielformulierung, Pflichtaufgaben mit entsprechenden KVs, Materialsammlung z. B. in Form von Bildern, Notizen, Informationen, Liste der Berater mit möglichen Gesprächsnotizen; Quellen/Recherchen zum Thema, eigene Textproduktionen bzw. Endprodukt, Feedbackbögen von Mitschülern bzw. persönliche Rückmeldung

2. **Inhalt:** Qualität der Pflichtaufgaben orientiert sich u. a. an der Umsetzung des Arbeitsauftrags

3. **Form:** Struktur/Aufbau des Ordners über Inhaltsverzeichnis, Leserlichkeit der KVs, und der eigenen Texte, Gestaltung der Textproduktionen mit kalligrafischen/illustrierenden Elementen

4. **Prozess des Lernens und der Reflexion:** Aneignungsprozess → Belege für selbstständiges Arbeiten und individuellen Lernfortschritt in Form eines Mitschülerfeedbacks, des eigenen Rückmeldebogens bezogen auf die getroffene Auswahl (s. Inhaltsverzeichnis), der Annäherung an das Thema, den Umgang bzw. die Auseinandersetzung damit, persönlicher Lern- bzw. Erfahrungszuwachs

Mitschüler-Feedback

An: _____

Ich habe dein Portfolio KREATIVES SCHREIBEN:

☐ angesehen.

☐ teilweise gelesen.

☐ sorgfältig gelesen.

Besonders gut gefallen hat mir:

_____

_____

_____

Weniger gut gefallen hat mir:

_____

_____

_____

Was ich mithilfe deiner Portfolio-Arbeit lernen konnte:

_____

_____

_____

Was mir noch aufgefallen ist:

_____

_____

_____

Mein Tipp für dich:

_____

_____

_____

Reflexionsbogen für die Selbsteinschätzung (1)

Denke mithilfe dieses Reflexionsbogens rückblickend über die Portfolioarbeit nach.

1 Methoden, die ich verwendet habe, um an Informationen, Vorlagen und Umsetzungsideen zu kommen:

_____

_____

_____

2 Das ist mir meiner Meinung nach gut gelungen:

_____

_____

_____

3 Was mir im Nachhinein weniger gut gefällt und was ich in Zukunft vermeiden möchte:

_____

_____

_____

4 Warum gefällt mir diese Form des Leistungsnachweises?

_____

_____

_____

5 Warum kann ich mit dieser Form von Arbeitsaufträgen bzw. Themen nicht so gut umgehen?

_____

_____

6 Was habe ich mithilfe dieses Leistungsnachweises gelernt?

_____

_____

Hinweis: Falls der Platz auf den vorgegebenen Linien nicht ausreicht, benutze bitte die Rückseite.

© Cornelsen Verlag Scriptor, Berlin

Reflexionsbogen für die Selbsteinschätzung (2)

Beantworte den Fragebogen,
indem du in jeder Spalte ankreuzt,
was auf dich zutrifft.

Selbsteinschätzung	Trifft zu	Trifft eher zu	Trifft eher nicht zu	Trifft nicht zu	Das kann so bleiben	Das möchte ich beim nächsten Mal verändern
Ich habe die Beurteilungskriterien verstanden und orientiere mich an ihnen.						
Ich habe viele Schreibexperimente ausprobiert.						
Ich habe konzentriert gearbeitet.						
Ich habe mir Tipps und Anregungen geholt.						
Ich habe mir bei Problemen Hilfe geholt.						
Ich habe Mitschülerinnen und -schüler unterstützt.						
Ich habe engagiert in Teams gearbeitet.						
Ich habe ein Mitschüler-Feedback gewissenhaft ausgefüllt.						
Ich habe mir konkrete Gedanken über Inhalt, Form und Gestaltung meiner Arbeit gemacht und dementsprechend mein Portfolio angelegt.						

SCRIPTOR

KV 4.2

Sprachknobeleien

1 Hier musst du um die Ecke denken. Lies zunächst alle Buchstabenbilder laut. Das hilft …

2 Ordne die Lösungen dem richtigen Buchstabenbild zu.

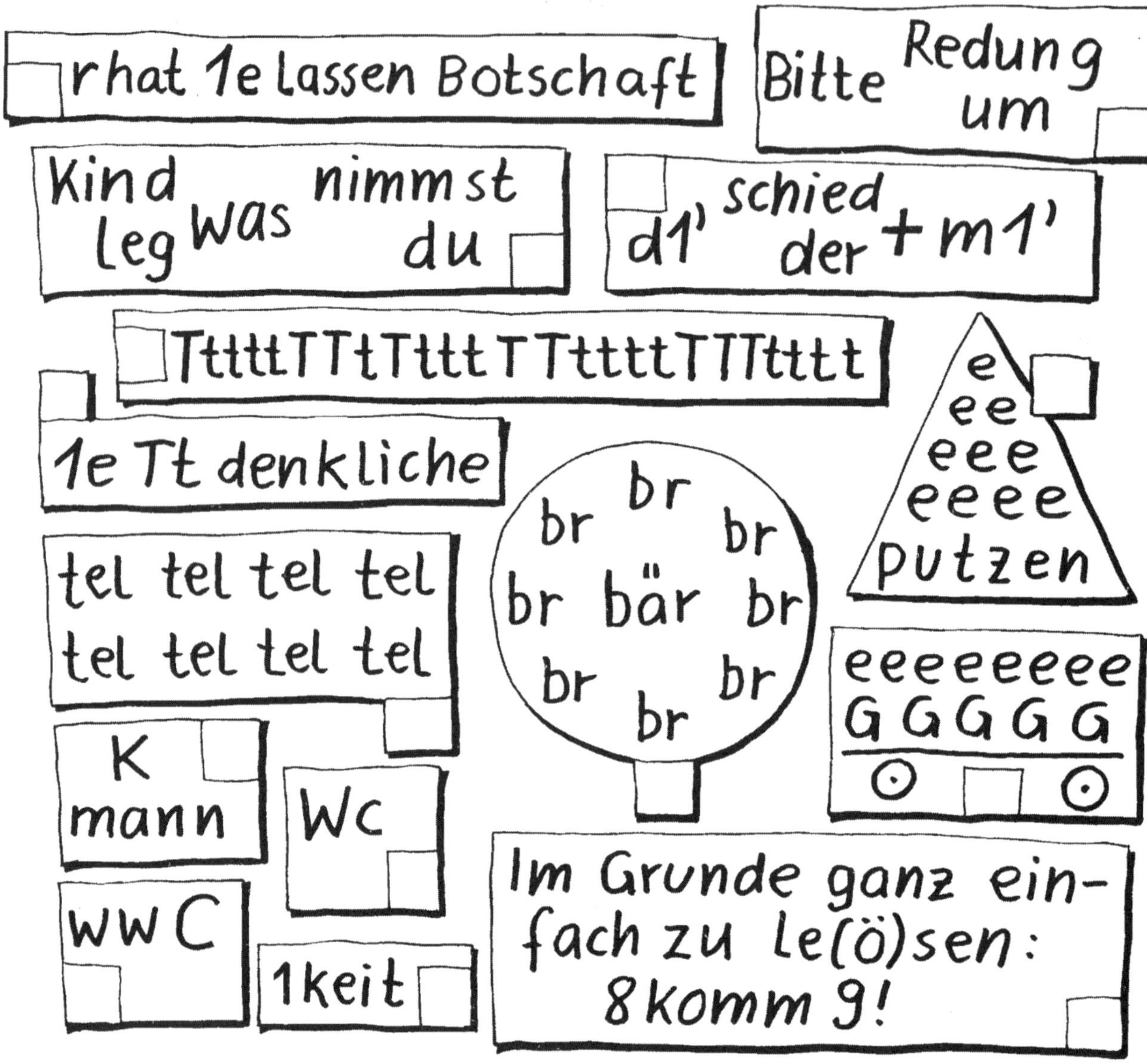

r hat 1e lassen Botschaft

Bitte Redung um

Kind leg was nimmst du

d1' schied der + m1'

TttttTTtTtttTTtttttTTTtttt

1e Tt denkliche

e ee eee eeee putzen

tel tel tel tel tel tel tel tel

br br br br bär br br br

eeeeeeee GGGGG ⊙ □ ⊙

K mann

Wc

wwC

1keit

Im Grunde ganz einfach zu le(ö)sen: 8 komm 9!

1 Bitte um Unterredung	**2** Der Unterschied zwischen dein und mein	**3** Kind überleg, was du unternimmst!	**4** Teegesellschaft	**5** Achtel (acht-el)
6 Komm zwischen acht und neun!	**7** Kleines Wehweh am großen Zeh	**8** Einsamkeit (eins-am-keit)	**9** Kaufmann (K-auf-mann)	**10** Brummbär (br-um-bär)
11 Er hat eine Botschaft hinterlassen.	**12** Großes Weh am kleinen Zeh	**13** Achte auf Gefahren!	**14** Eine nachdenkliche Tante	**15** Zähneputzen (zehn-e-putzen)

© Cornelsen Verlag Scriptor, Berlin

Alberner Anorak trifft rüpelhafte Radlerhose

Auf dieser Seite kannst du ausgelassen sprachbasteln und Minigeschichten erfinden.

1 Bringe für dich passende Adjektive nach Lust und Laune mit Klamotten und Co. in Verbindung. Vervollständige das Abc oder stelle dein eigenes Abc mit einem eigenen Thema zusammen.

2 Entwickle kleine Wer-trifft-wen-Geschichten mit viel Dialog.
Beispiel: Chaotische Chucks treffen operettensüchtige Ohrwärmer und unterhalten sich über die aktuelle Wettervorhersage, Stau auf der Autobahn, Vordrängler an der Supermarkttheke usw.

Abc-Darium der verrückten Klamotten

alberner	Anorak
betrunkener	Bikini
chaotische	Chucks
dudelsackpfeifende	?_____?
eingebildete	Einlagen
friedlicher	Fäustling
hysterischer	Häkelschal
irrer	Integralhelm
jammernde	?_____?
kränkelnde	Krawatte
?_____?	Lederhose
meckernder	Mantel
?_____?	Nachthemd
operettensüchtiger	Ohrenwärmer
pfeifender	?_____?
quasselnde	Quadratlatsche
rüpelhafte	Radlerhose
?_____?	?_____?
träumerische	?_____?
ungeschickte	Unterhose
verpeilter	V-Ausschnitt
?_____?	Wickelrock
x-beliebiges	X-mas-Shirt
yetihaftes	Yakata
zickige	Zipfelmütze

Minilexikon für Worterfinder

Finde möglichst lange, fantasievolle Wörter. Vielleicht fällt dir auch ein Bild dazu ein.

Du brauchst: Stift, Schere, Tacker.

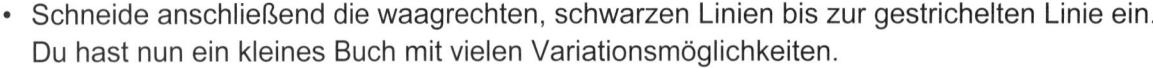

1 So geht's:
- Zerschneide die Spalten an den schwarzen, durchgehenden Linien.
- Ergänze die leere Spalte (Spalte 4) mit eigenen Wörtern.
- Lege nun die einzelnen Spalten genau am linken Rand aufeinander.
- Tackere die Teile mehrmals links an der gestrichelten Linie entlang nach unten zusammen.
- Schneide anschließend die waagrechten, schwarzen Linien bis zur gestrichelten Linie ein. Du hast nun ein kleines Buch mit vielen Variationsmöglichkeiten.
- Denke dir eine 5-stellige Zahl, suche die entsprechenden Wörter in den verschiedenen Spalten und setze sie zu einem Wort zusammen. Passe sie grammatikalisch an.

2 Notiere deine gefundenen Wörter auf einem extra Blatt.
(Man kann dies auch mit einem Partner spielen.)

Hier ein Beispiel für die fünfstellige Zahl 36501 = *Gletscherhausausrutsch???problem* oder 73908 = *Wahnsinn**s***schlittenbastel???training*, *Fugen-S

Spalte 1	Spalte 2	Spalte 3	Spalte 4	Spalte 5
0 Sprung	0 -feder	0 -durchhäng	0	0 -partie
1 Kummer	1 -hase	1 -spar	1	1 -problem
2 Sonne	2 -kugel	2 -kühl	2	2 -struktur
3 Gletscher	3 -schlitten	3 -zieh	3	3 -ebene
4 Blume	4 -hamburger	4 -trippel	4	4 -station
5 Magermilch	5 -fladen	5 -ausrutsch	5	5 -phase
6 Muster	6 -haus	6 -koch	6	6 -magazin
7 Wahnsinn	7 -ozean	7 -segel	7	7 -fitness
8 Mannschaft	8 -tor	8 -liebe	8	8 -training
9 Weihnachten	9 -keks	9 -bastel	9	9 -analphabet

SCRIPTOR   Unterrichtshilfen • Deutsch 7/8 • Kreatives Schreiben

Mach halblang, sagte die Katze und fiel in die Grube

1 Erkläre die Bedeutung der Redewendungen. Verwende dafür ein extra Blatt.

2 Hier ein Spielvorschlag:
Bildet Gruppen von je 4–5 Schülern. Legt einige Redewendungen fest, die an der Tafel zeichnerisch umgesetzt werden sollen. Gewonnen hat die Gruppe, die zum Erkennen der Redewendungen am wenigsten Zeit benötigt.

1 Mach' mal halblang!

2 Zieh' Leine!

3 Mach' dir keinen Kopf!

5 Neben der Spur sein!

6 Da beißt sich die Katze in den Schwanz!

4 Ich mach' dir gleich Beine!

9 Wer anderen eine Grube gräbt, fällt selbst hinein!

7 Vor die Hunde gehen!

8 Die Flatter machen!

12 Nach den Sternen greifen!

10 Jemanden über die Klinge springen lassen!

11 Den Löffel abgeben!

15 Den Futterkorb hochhängen!

13 Hunde, die bellen, beißen nicht!

16 Bei Nacht sind alle Katzen grau!

14 Den Kopf in den Sand stecken!

Clustering

Das Wort „Cluster" kommt aus dem Englischen und bedeutet Klumpen, Traube, Haufen.
Die Methode eignet sich besonders gut, um erste Schreibideen und Schreibanreize zu sammeln.
Zusätzlich kann das Clustering zu einem bestimmten Thema vorgeschaltet werden, um sich
ideenreicher auf Interpretationsansätze zu einem konkreten Text einlassen zu können.
Du wählst einen konkreten oder abstrakten Begriff als Ausgangspunkt, um damit verbundene
Gedanken aus dem Gedächtnis bewusst zu machen. Oft geschieht dabei ein automatisches
Strukturieren, indem intuitiv bereits Verknüpfungen stattfinden.

1 Schreibe in die Mitte das Wort „Angst". Versuche nun drei bis fünf Minuten völlig unkontrolliert
möglichst viele Begriffe aufzuschreiben, die dir dazu einfallen.

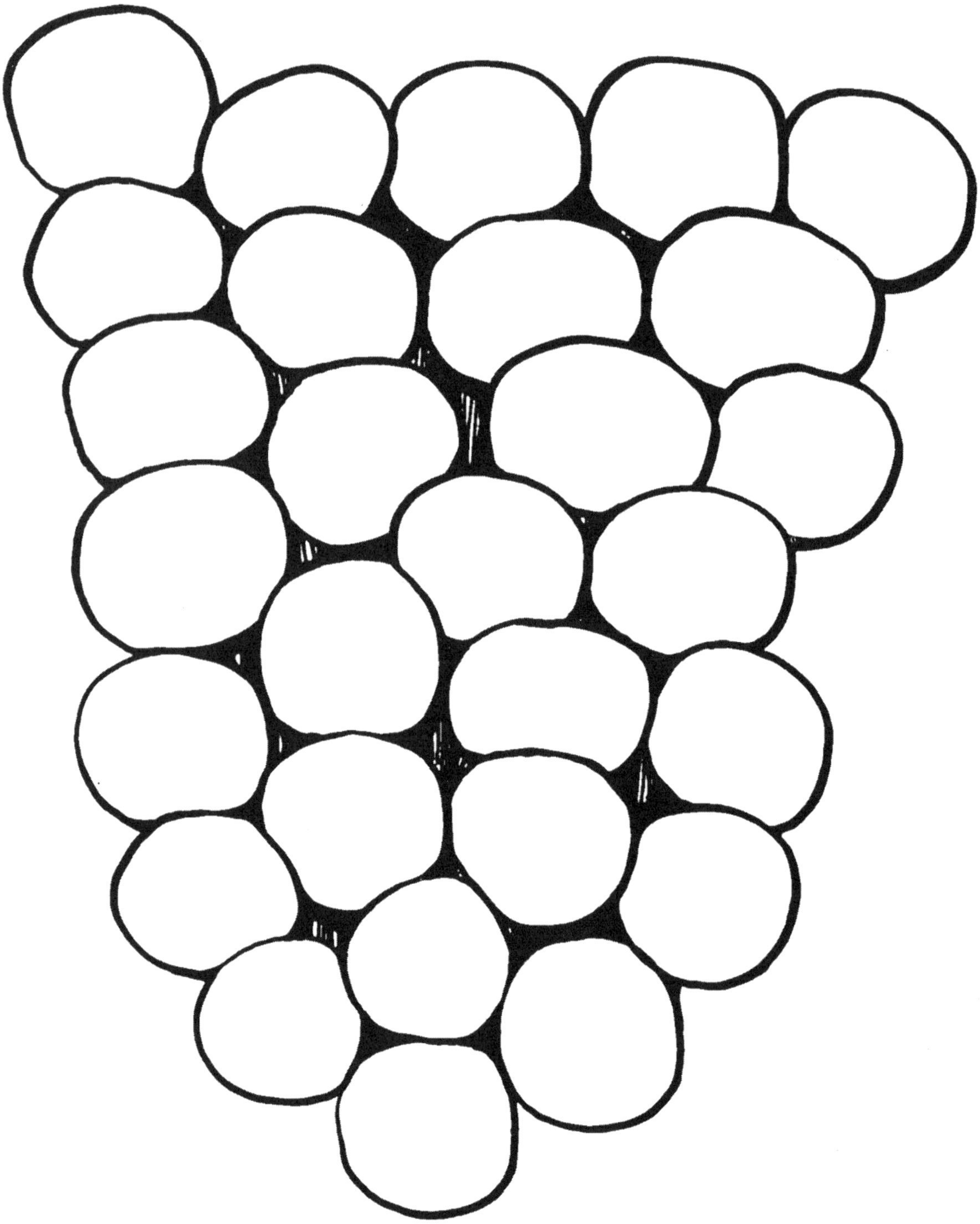

© Cornelsen Verlag Scriptor, Berlin

KV 9

Meine Angst lässt grüßen (1)

1 Lies den folgenden Text gründlich. Unterstreiche Wörter, die du nicht verstehst, und kläre sie.

Meine Angst lässt grüßen *(Kurt Marti)*

Meine Angst, wurde mir ausgerichtet, lasse grüßen, sie erfreue sich bester Gesundheit. Ich hatte sie, aber das ist schon fast zwei Wochen her, zwischen Lausanne und Fribourg aus dem Zug geworfen. Warum, fiel mir damals plötzlich ein, sollte man sich einer lästigen Klette nicht entledigen können? Da außer mir gerade niemand im Abteil war, die gute Gelegenheit mir aufmunternd zunickte, hab ich's dann also getan. So viel
5 mir bekannt ist, ist eine solche Handlung nicht strafbar. Nur vergaß ich natürlich im Überschwang meines Entschlusses, dass Ängste überaus zäh sind. Sie überleben alles, sie überleben auch uns.

Meine Angst zum Beispiel ist, bevor sie auf mich kam, die meiner Mutter gewesen. Und meine Mutter hat sie vielleicht schon von einer Tante gekriegt, das weiß ich schon nicht mehr. Wie immer: Wir Menschen, kommen und gehen, doch ungerührt bleiben Ängste am Leben und wählen sich neue Träger aus. Kein
10 Wunder, dass es einer Angst überhaupt nichts ausmacht, aus dem Fenster geworfen zu werden. Deshalb ist meine euphorische Handlung ein sinnloser Akt gewesen. Wie zu erwarten war, stellt sich nunmehr heraus, dass die würzige Waldluft des Waadtlandes meine Angst erst recht gekräftigt hat. Schon lässt sie mich grüßen. Bald wird sie wiederum da sein, ausgeruht und erholt für ihren Erwählten, für mich. Treue, hört man heute oft klagen, sei selten geworden. So kann nur reden, wer für einen Augenblick seine Angst vergessen
15 hat, vielleicht hat vergessen wollen. Aber niemand bleibt uns so unentwegt treu wie die Angst.

(Kurt Marti aus: Szene 81: Beispiele Schweizer Gegenwartsliteratur. Zürich: Garte Zitig 1980, S. 17–18)

2 Wer ist dieser Mensch, der die Angst aus dem Zug „schmeißt"? Notiere dir hier Stichpunkte aus dem Text.

_____

_____

_____

_____

Meine Angst lässt grüßen (2)

3 Schreibe mithilfe des folgenden Fragenkatalogs eine Selbstdarstellung des „Angstraus-
schmeißers".
Schreibe auf ein extra Blatt.

---

1. *Wie heißt du?*
2. *Wie alt bist du?*
3. *Wer gehört zu deiner Familie?*
4. *Welche Beziehung hast du zu den Mitgliedern deiner Familie?*
5. *Wie verdienst du deinen Lebensunterhalt?*
6. *Wie sieht dein Arbeitsalltag aus?*
7. *Gehst du noch zur Schule?*
8. *Wie gefällt es dir dort?*
9. *Wer gehört zu deinem Freundeskreis?*
10. *Was kannst du dir mit dem, was du verdienst, leisten?*
11. *Wie siehst du aus?*
12. *Wie redest du?*
13. *Welche Kleidung trägst du?*
14. *Welche Frisur hast du?*
15. *Gibt es körperliche Besonderheiten?*
16. *Bist du mit deinem Aussehen zufrieden oder möchtest du unbedingt etwas daran ändern?*
17. *Welche Bewegungen und Gesten sind für dich typisch?*
18. *Was machst du in deiner Freizeit?*
19. *Was ist deine Lieblingsbeschäftigung?*
20. *Wie wünschst du dir dein Leben? Willst du etwas verändern? Warum?*
21. *Bist du ein selbstbewusster Mensch?*
22. *Was halten die Menschen von dir, mit denen du umgehst?*
23. *Bist du ein temperamentvoller Mensch?*
24. *In welchen Situationen fühlst du dich wohl, in welchen nicht?*

---

4 Personifiziere die Angst, indem du den Text so veränderst, dass sich die Angst weigert,
aus dem Zug geworfen zu werden.
Entwickle dazu ein Gespräch zwischen der Angst und dem „Angstrausschmeißer".
Schreibe auf ein extra Blatt.

5 Gestalte einen Comic oder eine Karikatur zu deiner Geschichte und überlege dir
einen passenden Untertitel. Hier hast du Platz für Skizzen.

Kino im Kopf – Mindmapping

Eng mit dem Clustering ist das Mindmapping verbunden. Beide Methoden werden zur Ideen-findung eingesetzt.

Eine Mindmap (wörtlich: Gedächtnis-Landkarte) ist eine Darstellungsform, um Gedanken und Texten eine übersichtliche Struktur zu geben. Auf einen Blick sind Begriffe und ihre wichtigsten Zusammenhänge erkennbar. Das Ziel des Mindmapping besteht im gezielten Ordnen von Einfällen und einer Hierarchisierung von Begriffen und Aspekten.

1 Gestalte eine Mindmap.
- Zeichne oder klebe eine Figur aus Filmen, Serien, Comics, Büchern oder deiner Fantasie in die Mitte des Blattes.
- Überlege, welche Eigenschaften deine Figur haben soll und vervollständige den „Ast" *Eigenschaften*.
- Überlege, an welchem Ort und zu welcher Zeit deine Figur agiert und vervollständige die „Äste" *Orte* und *Zeit*. Schreibe oder zeichne Einzelheiten.
- Überlege, welche Mitspieler deine Figur hat und vervollständige den „Ast" *Mitspieler*.

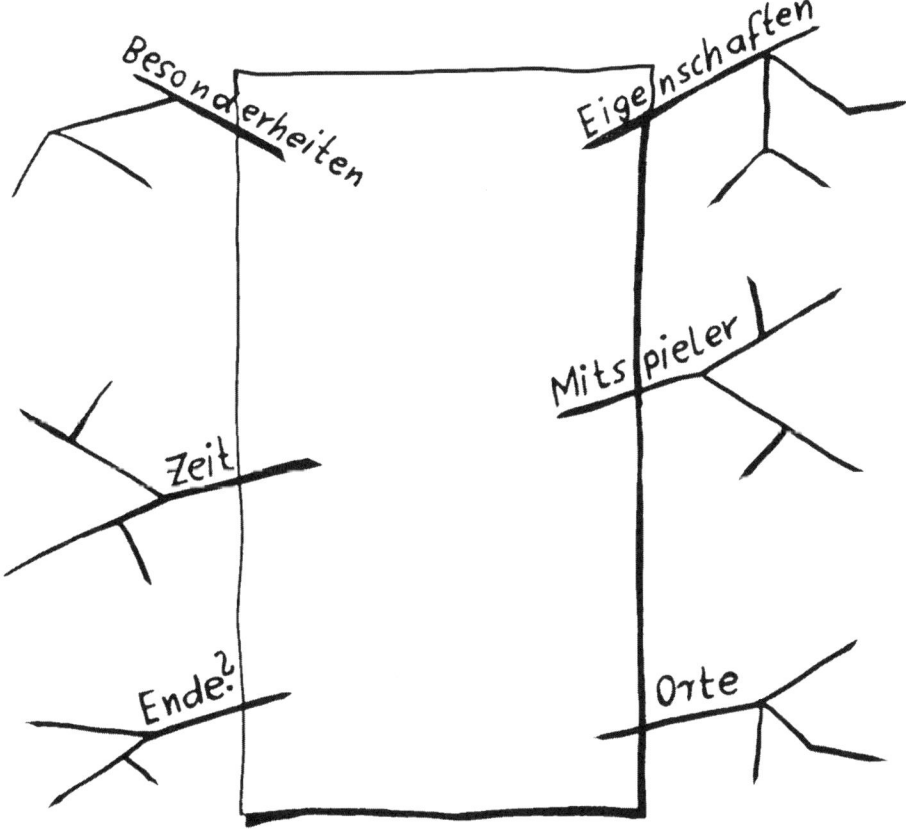

2 Denke über ein stimmiges Ende nach, indem du die zuvor aufgelisteten „Fakten" einbeziehst.

3 Schreibe eine kurze Geschichte mit deinem „Helden" (500 Zeichen) auf einem extra Blatt.

Aus der Tüftlerwerkstatt

Wie man fast täglich in verschiedenen Medien lesen kann, werden die Deutschen immer dicker und so zu einem erheblichen Kostenfaktor der Krankenkassen. Daher haben die verschiedensten Diäten Hochkonjunktur. Alles wäre ganz einfach, würde man sich an die Devise unserer Urgroßeltern halten, die da heißt FDH = (Fr)iss die Hälfte. Allerdings darf man nicht vergessen, dass das Essen damals aus dem eigenen Garten und nicht von einer Fastfood-Kette kam. Noch kann man ja keine halben Hamburger bestellen!

Dennoch ist es einem Erfinder gelungen, einen Teller zu kreieren, der sich meldet, wenn die benötigte Kalorienzufuhr überschritten wird.

1 Überlege dir, welche weiteren Funktionen ein solcher Teller haben könnte.

2 Zeichne verschiedene Funktionsteile (z. B. Klingel, Lämpchen, Gewichtsanzeige usw.) ein, beschrifte deinen Diät-Teller und gib ihm einen Produktnamen.

3 Schreibe nun eine Gebrauchsanweisung zur Benutzung. Achte darauf, dass man die Handhabung gut versteht. Schreibe auf der Rückseite weiter, wenn der Platz nicht reicht.

Gebrauchsanweisung:

_____

_____

_____

_____

_____

_____

Wohldosierte Frechheiten

Auf dieser Seite siehst du eine Collage (franz. coller = kleben) aus Buchstaben, Wörtern und Bildern. Die einzelnen Elemente haben nichts miteinander zu tun, können aber in Beziehung zueinander gesetzt werden.

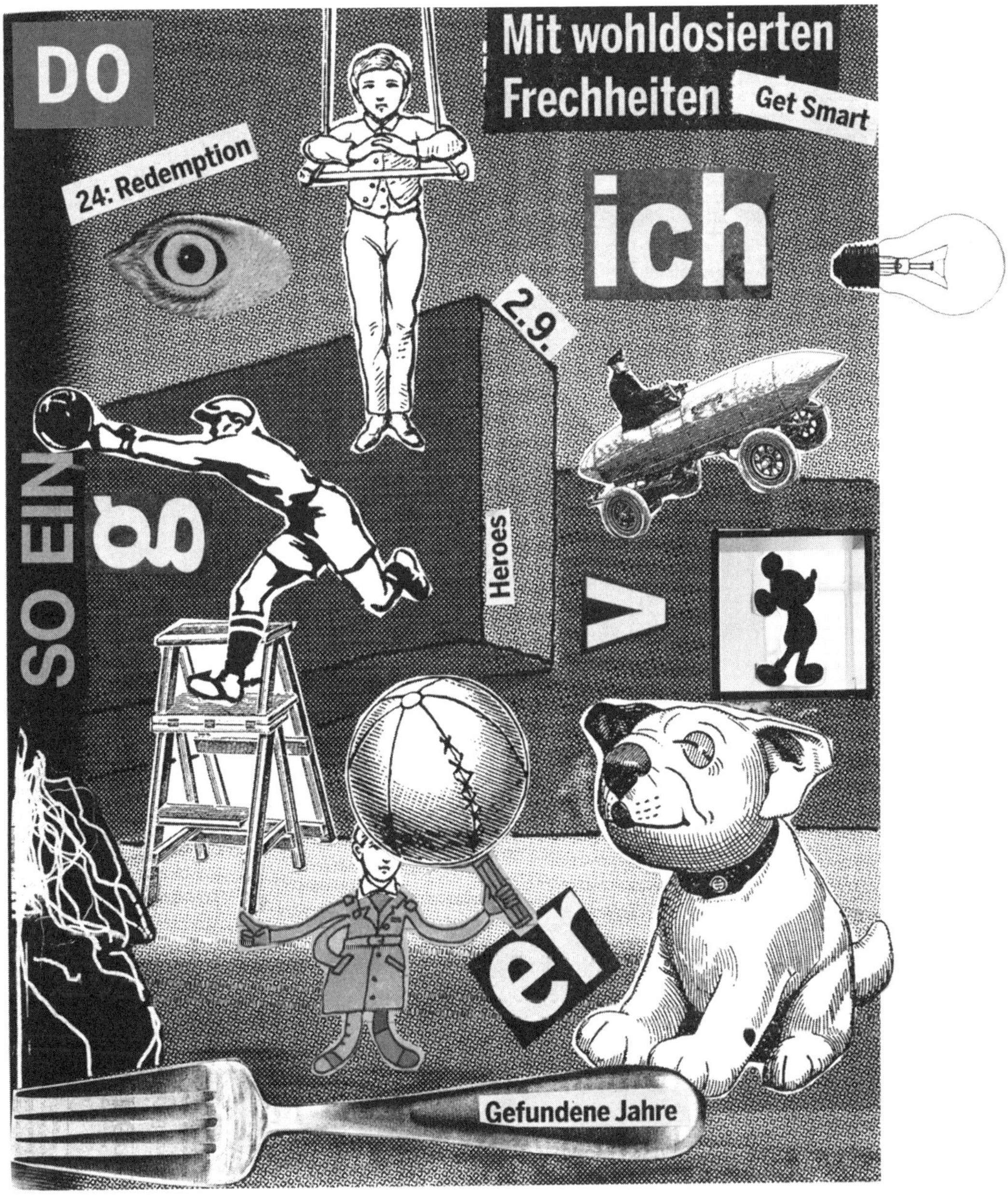

1 Lass die Collage auf dich wirken.

2 Versuche nun, eine Verbindung zwischen einigen, mindestens fünf Elementen, herzustellen und erfinde eine Wort-Collage, eine kurze Story, einen Comic oder ein Gedicht. So kannst du vorgehen:

- Schreibe alle Gegenstände, Buchstaben, Wörter, Sätze und Zahlen auf ein extra Blatt untereinander. Schreibe nun in jede Zeile, was dir zu den einzelnen Elementen einfällt.
  Oder verwende jeweils nur Bilder, Buchstaben *oder* Wörter. Verfahre in derselben Weise, indem du zu den gewählten Elementen frei assoziierst.
- Überlege nun die Form, in der du dich mit der Collage auseinandersetzen möchtest (s. o.). Gestalte ein DIN-A4-Blatt.

Wie trickse ich meine Eltern aus? (1)

In der folgenden Geschichte fehlen Attribute, Partizipien, Adverbien und Adjektive.

1 Suche dir einen oder mehrere Partner. Lest die Geschichte zunächst leise durch.

2 Findet passende (oder unpassende) Wörter und füllt die Lücken. Lest anschließend die Geschichte einer anderen Gruppe oder der ganzen Klasse vor.

3 Schreibt nun einen Schluss, der zu der Geschichte passt. Verwendet möglichst aussagekräftige Wörter. Nehmt ein extra Blatt, falls der Platz nicht reicht.

Meine _____ Eltern sind ja eigentlich ganz _____,

aber manchmal auch total _____. Während meine

_____ Freunde am Wochenende auf jeden

_____ Disco-Abend gehen dürfen und das Ganze

sogar noch _____ finanziert bekommen, muss ich mich

fast auf meine _____ Knie schmeißen und sie _____ anflehen, mich doch

gehen zu lassen. Also, es war mal wieder Wochenende. Ich warf mich _____ auf

meine _____ Knie und bat _____ um Erlaubnis. „Wo ist denn

diesmal die Disco?", begehrte mein _____ Vater zu wissen. „Naja, im

_____ Nachbarort Meyersfeld." „Von wegen Nachbarort", schimpfte nun

meine _____ Mutter, „das sind _____ Kilometer von hier!"

„Und wenn Marco mitkommt?", fragte ich _____. „Dann ja", entschied mein

_____ Vater und guckte weiter Fußball. Meine _____ Mutter

schwieg _____. Nun galt es meinen _____ Bruder Marco zu überzeugen.

Das war _____ Arbeit und meist mit Bestechung verbunden. Als ich in sein

_____ Zimmer kam, rollte er schon mit seinen _____ Augen. „Was

willst du!?", fragte er _____ und stellte seine Stereoanlage _____.

„Kannst du heute mit mir in die _____ Disco nach Meyersfeld kommen? Ich darf sonst

nicht hin." „Bin ich dein _____ Kindermädchen? Meine _____ Antwort

lautet: NEIN!" „Marco, bitte noch dieses _____ Mal! Ich versprech's dir

_____!" „Nein! Und nun verschwinde so _____ du

Wie trickse ich meine Eltern aus? (2)

kannst!" „Marcolein, mein _____ Marcolein, kannst du nicht wenigstens so tun und mit

mir aus dem _____ Haus gehen? Ich komme dann schon _____

weiter." Mein _____ Bruder, rappelte sich _____ hoch, kam auf mich

_____ zu und stellte die Stereoanlage _____ . Dann zog er betont

_____ seine _____ Chucks an und sagte _____: „Okay,

okay! Nur dieses eine _____ Mal noch!" Eine _____ Panik stieg in mir

auf. Denn so _____ wie ich aussah, konnte ich auf keine _____

Disco-Party gehen. Der _____ Junge war heute etwas zu

_____ für mich! Mein _____

Bruder stand schon fast an der _____ Haustür, als ich

eine _____ Idee, mein _____ Outfit

betreffend, hatte. Ich schnappte mir meine _____

Lederjacke und mein _____ Handy und war endlich

draußen. Meine _____ Eltern hatten offensichtlich nichts

gemerkt und mein _____ Bruder kletterte durch das _____

Badezimmerfenster wieder ins _____ Haus.

Plötzlich … _____

_____

_____

_____

_____

_____

_____

_____

Krümelmonster dürfen keine Kekse mehr essen

In der Zeitschrift NEON gibt es in jeder Ausgabe eine Seite mit unnützem Wissen: „Zwanzig Fakten, die man im Gedächtnis behält, obwohl man sie sich nicht zu merken braucht." Ob du sie wirklich behältst und immer wieder abrufen kannst, sei dahingestellt. Deine Aufgabe ist die Verknüpfung einiger Informationen. Obwohl die Informationen nicht wirklich zusammenpassen, sollst du eine glaubwürdige, vielleicht sogar sensationelle Story für ein Lifestyle-Magazin schreiben.

1 Lies die Fakten zum unnützen Wissen.

Seit 2005 muss das Krümelmonster in der amerikanischen Sesamstraße wegen seiner Vorbildfunktion für Kinder vor allem Karotten essen und kriegt nur selten einen Keks.

Bei der diesjährigen belgischen Meisterschaft im Bodybuilding sind nach Ankündigung einer Dopingkontrolle alle zwanzig Teilnehmer verschwunden. Der Wettbewerb konnte nicht stattfinden.

Beim staatlichen Rundfunk in Lettland müssen die Journalisten aus Spargründen ihr eigenes Klopapier mitbringen.

Til Schweiger hat eine Schauspielschule besucht.

Für die Herstellung von einem Liter Coca-Cola sind 2,6 Liter Wasser nötig.

Meryl Streep hat ihren ersten Oscar bei einer Party auf dem Klo liegen lassen.

Bei vier Grad Celsius wiegt ein Liter Wasser ein Kilo, ein Liter Eis 917 Gramm.

Nilpferde sind Schweine, keine Pferde.

An einer Supermarktkasse steht man in Deutschland durchschnittlich sieben Minuten.

Der Mann, der 32 Jahre lang die englische Stimme von Micky Maus war, war mit der Frau verheiratet, die Minnie synchronisierte.

Lance Henrikson wurde als einziger Schauspieler in verschiedenen Rollen von Terminator, Alien und Predator getötet.

Tischtennis wurde in England anfangs auch „whif-whaf" und „flim-flam" genannt, bevor sich „ping-pong" durchsetzte.

(Aus: NEON, August 2009, S. 12)

2 Suche dir zwei oder mehr Informationen aus und bestimme, mit welchem Satz du anfangen möchtest.
- Schreibe nun eine Story, indem du die Fakten verwendest.
- Formuliere eine Überschrift.

3 Gestalte das Layout deines Artikels. Orientiere dich an einer Tageszeitung oder einem Magazin.

4 Mache/suche dir Fotos oder zeichne ein Bild, um den Artikel zu illustrieren.

SCRIPTOR　　Unterrichtshilfen · Deutsch 7/8 · Kreatives Schreiben

1, 2 Fly – ab in den Urlaub

Jedes Jahr fliegen Jugendliche in den Urlaub. Auf großen Flughäfen trifft man nicht nur Menschen aus aller Welt, sondern findet auch fast alles zu kaufen und eine Fülle von Informationen.

1 Schau dir die Symbole, Hinweise und Namen von Restaurants, Bars, Schilder von Shops, Airlines und Autovermietungen an.

 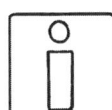   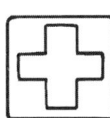

Ausgang   Sushi   Welt der Bücher   Tabak   Ankunft   Post   Closed   S-Bahn
First Class Lounge   Hotel Esplanade   H&M   Meeting Point   Bakery   Zu den Zügen
EasyCar.com   Erste Hilfe   Telefon   Heathrow Airport   McDonald's   Bodyshop
Bahnhofsmission   Paddington Station   Rail&Fly   Bagel Factory   Centre ville
Kino Bookshop   Le Figaro   Check-In Here   Sock Shop   Best Western
Way Out   Zur Bushaltestelle   Shuttle-Bus   Gleis 1+2   Down Town   Anzeigentafel
Coffee To Go   Blumen   Currywurst&mehr   Burgerking   Cocktails   Security
Mandy's Cakes   Departure   Lufthansa   KLM   Condor   United Airlines   SAS

2 Wähle nun einen „Hinweis" für 1. aus und notiere ihn. Ergänze aus anderen Bereichen Gefühl, Interior, Wetter und besondere Menschen usw.

1. Hinweis/Ort/Symbol: _____

2. Raum/Umgebung: _____

3. Wetter: _____

4. Besondere Menschen: _____

5. Gefühle: _____

3 Überlege, welche Rolle z. B. Gefühle, Wetter, besondere Menschen oder Räume spielen könnten. Mache dir Notizen. Nimm den Wörterpool zur Hilfe.

4 Notiere deine Einfälle zu den gewählten Bereichen mithilfe des Wörterpools.

> **Wörterpool:** fremd, unsicher, aufgeregt, hungrig, verärgert, müde, abgenervt, relaxed, Ledersofa, Bistrotisch, Tischdecke, Barhocker, Tresen, Garderobe, Zeitungsständer, Schneegestöber, Nieselregen, Wind, Gewitter, Hitze, Sonnenschein, Nebel, Hagelschauer, Notarzt, Gitarrist, Trachtengruppe, Fußballfan, Pilot, Breakdancer, Austauschschüler

5 Schreibe nun eine Episode, die auf einem Flughafen spielen könnte, auf ein extra Blatt.

Überfall auf Mr. Moose

Im Folgenden ist es deine Aufgabe, Ideen für einen weihnachtlichen Kurzkrimi zu sammeln. Dabei kann dir die Mindmap helfen.

1 Platziere auf den verschiedenen „Ästen" der Mindmap Wörter, die über Ort, Zeit, Gegenstände, Protagonisten und Handlung Auskunft geben. Die „Hauptäste" verzweigen sich immer weiter, bis dir nichts mehr einfällt. Du kannst mit Wörtern und Zeichnungen arbeiten.

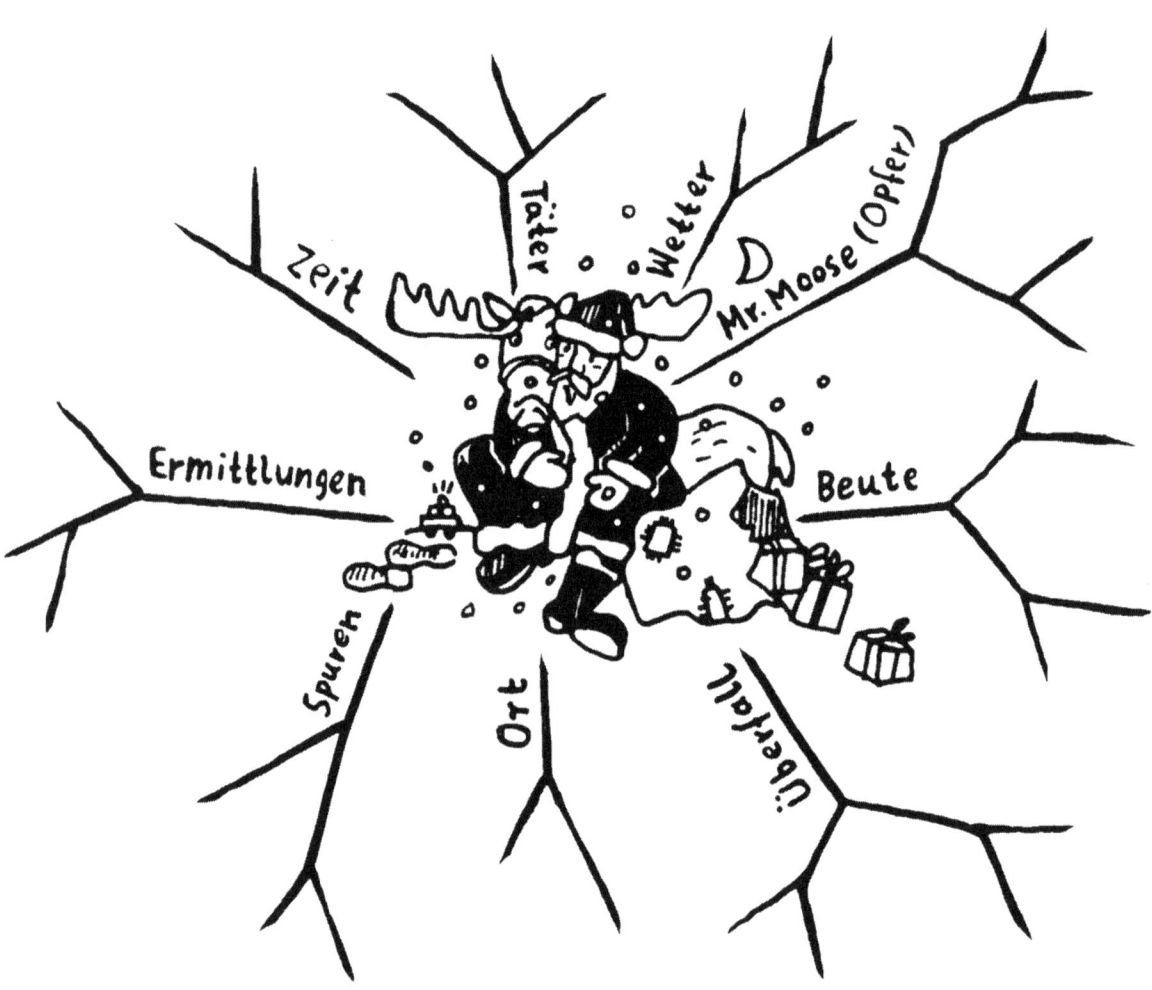

*moose, amerikanisches Englisch = Elch

2 Schreibe nun mithilfe deiner Mindmap einen Kurzkrimi auf ein extra Blatt.
- Finde einen Anfang, der neugierig macht, indem du sofort in die Geschichte (Überfall) einsteigst.
- Beschreibe nun die Ermittlungen.
- Entscheide, ob der Fall aufgeklärt werden konnte.
- Überlege dir einen ungewöhnlichen Schluss.

3 Schreibe deinen Kurzkrimi auf eine Postkarte und verschicke sie.

Beam dich weg!

Unten siehst du verschiedene Kärtchen, die Orte, Fortbewegungsmittel, Begegnungspartner und Zeitalter vorgeben.

1 Suche dir mindestens vier (von jeder Kategorie eines) Kärtchen aus.

2 Recherchiere zu Orten, Fahrzeugen und Zeitaltern, um deine Geschichte glaubwürdig zu machen.

3 Schreibe nun eine verrückte Reportage. (Die Kärtchen können als Illustration dienen oder du gestaltest eigene Bilder als Beweise für die Richtigkeit deines Artikels.)

Ort	Fahrzeug	Protagonist
Arktis	Ballon	Dino
Planet	Rakete	Roboter
Großstadt	Schwebebahn	Matrix
Urwald	Amphibien-Fahrzeug	Bratwurst
Komet	Laserstrahl	Alien
Computerspiel	Cursor	Super Mario

Urzeit	Steinzeit	Ägypten	Mittelalter	vor 100 Jahren	heute	in 3000 Jahren

Hörgeschichte (1)

Die beiden Bilder zeigen eine Handlungsabfolge. Stelle dir vor, du sollst die Situation einem Menschen „erzählen", der nicht dabei war.

1 Schau dir die beiden Bilder genau an. Überlege eine Handlung und notiere Stichpunkte.

_____

_____

_____

_____

2 Schreibe nun eine kurze Geschichte. Verwende die zweite Seite der Kopiervorlage.
  * Notiere die Geschichte Satz für Satz in der linken Spalte.
  * Assoziiere für dein Erzählstück Alltagsgeräusche. Schreibe sie in die rechte Spalte.
  * Suche eine passende Überschrift.
  * Nimm nun die Geräusche auf (Kassettenrekorder, Diktiergerät). Lies deine Geschichte in der Klasse vor und spiele die Geräusche an der von dir vorgesehenen Stelle ab.

Beispiel

Text	Geräusche usw.
Anfangssatz: *Xenia und Timm hatten es geschafft: Der Türsteher ließ sie ein.*	*Stimmen, laute Musik*
Sie drängelten sich durch Massen, begrüßten hier und da ein paar Freunde und waren endlich auf der Tanzfläche.	*Hallo, Hi, Küsschen*
Gerade wechselte der DJ die CD, scratchte ein bisschen, aber dann brach die Hölle los …	*Song*
…	…

SCRIPTOR   Unterrichtshilfen • Deutsch 7/8 • Kreatives Schreiben

Hörgeschichte (2)

Meine Geschichte heißt:

_____

_____

Text	Geräusche usw.

Planet Wissen (1)

**Do., den 7.8. um 21.10 Uhr
Unbekannte Tiere**

Im Darwin-Jahr haben Forscher durch Zufall auf einer unbewohnten Insel vulkanischen Ursprungs eine bisher unbekannte Fauna und Flora entdeckt. Es wird noch Jahre in Anspruch nehmen, bis die Erforschung dieser unberührten Natur abgeschlossen ist. Ein Kamerateam begleitete Biologen und Geologen bei der Arbeit.

Die Abbildung zeigt eine Art gepanzerten Vogel, der seine Beute mit zerkleinerten Pfefferkörnern einnebelt und mit einem Schwanzstachel aufspießt.

Ornithomimo Chiloso Rex

1 Überlege, welche Tiere oder Pflanzen außerdem noch entdeckt worden sein könnten. Mache dir Stichpunkte.

_____

_____

_____

_____

_____

_____

2 Entscheide dich für ein Tier bzw. eine Pflanze. Fertige dann eine Zeichnung an. Beschrifte die einzelnen Körper- oder Pflanzenteile.

SCRIPTOR

KV 20.1

Planet Wissen (2)

3 Ergänze folgende Übersicht zu deinem Tier.

Name: _____ , lat. _____

Gehört zur Familie der _____

Allgemeine Merkmale (Aussehen/Lebensraum)

_____

_____

_____

Lebensvorgänge

a) Fortbewegung: _____

_____

_____

b) Ernährung: _____

_____

_____

c) Atmung: _____

_____

_____

d) Fortpflanzung: _____

_____

_____

Bedeutung

_____

_____

_____

Äußeres Erscheinungsbild

Innere Organe

Skelett

4 Verfasse mithilfe deiner Übersicht einen Artikel für eine Zeitschrift, z. B. Geolino, in dem du dein Tier genau beschreibst. Denke an Abbildungen.

Wem gehört das Fahrrad?

1 Betrachte das Bild genau.

2 Beschreibe nun das Fahrrad und die einzelnen Taschen und Tüten.
   a) Überlege, was in den Tüten sein könnte. Schreibe auf ein extra Blatt untereinander:
   • Tüte 1, 2, 3 …
   • Tasche 1, 2 …
   b) Mache dir Gedanken zu dem Besitzer des Fahrrades. Bedenke Aussehen und Alter, Kleidung, Beruf, Ort, Freunde und Lebensumstände.

3 Schreibe nun eine kurze Geschichte, in der diese Person im Mittelpunkt steht.
   Fange mit einer Tageszeit/Datum an. Zum Beispiel so: *Nebel hängt morgens zwischen den Bäumen der Straße …* Oder: *Es war an einem kalten Novembertag …*
   Der Wörterpool hilft dir beim Formulieren. Ergänze ihn mit deinen eigenen Ideen.

Nomen	Neonreklame, Ampel, Hochhaus, Fachwerkhaus, Hütte, Asphalt, Kopfsteinpflaster, Straßenlaterne, Licht, Schatten, Sternenhimmel, Nebel, Regen, Schnee, Gewitter, Sonne, Brücke, Hauseingang, Kellertreppe, Fußgängerzone, Gemüsestand, Dorfstraße, Flussufer, Steine, Hund, Kumpel, Papagei, Jogginghose, Zebrastreifen, Turnschuhe, Cowboystiefel, Anorak, Kappe, Mütze, Wollhandschuhe, Schritte, Brille, Kälte, Hitze, Nässe, Whiskey, Becher, Mülltonne, Leben, Tod, Gesicht, Tasche, Bank, Feuer, Plane, Bett, Tränen
Verben	schieben, schlurfen, gehen, trinken, wühlen, schreien, rülpsen, krächzen, frieren, schwitzen, wärmen, erzählen, schmusen, streicheln, treten, schlagen, nachdenken, sich erinnern, essen, teilen, stehen, liegen, seufzen, sich freuen, weinen, schlafen
Andere Wörter	sternenlos, bunt, hell, oval, neblig, gusseisern, spitz, stumpf, scharf, matt, glänzend, struppig, grau, wolkenlos, heiß, müde, matt, krank, alt, jung, mutlos, fröhlich, pfeifend, früh, spät, morgens, nachts, quietschend, ölig, schmierig, fett

Zufallspoesie (1)

*Wörtersammlungen helfen dabei, Gedichte zu schreiben. Du kannst assoziativ vorgehen und
zunächst nur Wörter zu einem Begriff oder einem Gefühl oder zu einer Farbe zusammenstellen.
Du kannst die Listen auf der folgenden Seite ergänzen und so einen Wörtervorrat ansammeln.
Du kannst außerdem experimentieren, indem du den Zufall über die Auswahl der Wörter in deinem
Gedicht entscheiden lässt.*

1 Ergänze die Wörtersammlungen auf der nächsten Seite. Wenn dir ganz andere Wörter einfallen:
Schreibe sie mit einem Stift auf ein gesondertes Blatt. Achte darauf, dass die Größe der Kärtchen übereinstimmt.

2 Schneide die Wortkarten aus. Lege sie verdeckt auf einen Haufen, mische sie und ziehe drei
Kärtchen.

3 Lege dir die Wörter auf ein leeres Blatt. Sie sollen in deinem Gedicht vorkommen. Schiebe sie
hin und her.
Probiere mehrere Möglichkeiten aus:
- Beispielsweise können die gezogenen Wörter immer am Anfang, an der zweiten Stelle oder
am Ende einer Zeile stehen.
- Oder das erste gezogene Wort steht an der ersten Stelle, das zweite an der zweiten Stelle
usw.

Dir fallen bestimmt viele weitere Ideen ein.

4 Klebe die Wörter auf und schreibe dein Gedicht dazu.

**Und das könnt ihr mit den
fertigen Gedichten machen:**

Poetry-Event

Alle Schülerinnen und Schüler vergrößern eine Auswahl von
Wortkarten oder schreiben einzelne Wörter auf Karteikarten.
Die Wörter kommen auf einen Haufen und werden gemischt.
Eine Person zieht eine feste Anzahl von Wörtern (z. B. drei).
Die anderen Schülerinnen und Schüler verfassen im Eiltempo
Gedichte. Wer fertig ist, ruft „Stopp" und trägt das Gedicht vor.
Die nächste Runde beginnt.

Ein Poetry-Slam

Dazu ladet ihr am besten Mitschülerinnen und Mitschüler
aus anderen Klassen ein. Ihr tragt eure Gedichte vor. Das
Publikum entscheidet über das beste Gedicht durch seinen
Applaus. Am besten führt ihr mehrere Entscheidungsrunden
durch und lasst am Ende die Sieger jeder Runde
gegeneinander antreten.

Poetische Räume gestalten

Fertigt vergrößerte Kopien der Gedichte an oder schreibt sie
auf Tapetenstreifen oder Fotokarton. Diese Riesengedichte
können in einem Flur oder in einem Raum in der Schule
aufgehängt werden. Mit Musik im Hintergrund können sich
Mitschülerinnen und Mitschüler aus den anderen Klassen
in Ruhe mit den Gedichten beschäftigen.

Zufallspoesie (2)

Liebeswörter

ich	du	wir	liebe	loslassen
hassen	Ferne	Nähe	Glück	Mistkerl
Engel	Augenstern	Leiden	gestern	heute
morgen	zusammen sein	Sehnsucht	fehlst	unterwegs
so fern	so nah	warum	darum	geh
verlieren	Beziehung	triffst	Leib	Licht
Anfang	Ende	beenden	bleibst	Liebe

Himmelswörter

unendlich	weit	Weite	Leichtigkeit	watte-weich
All	Universum	fliegen	Vögel	Fesselballon
Flugzeug	Ikarus	Schnee	Wolkendecke	Sterne
Mond	Regen	Regenbogen	Wind	Sonne
Wetter	Pegasus	hoch	schweben	blau
grau	schwarz	Nacht	Gewitter	heiter
Gott	Petrus	Engel	Vollmond	dunkelblau

Rote Wörter

Vulkan	Glut	Herz	Wärme	Rose
Marmelade	Johannisbeeren	Erdbeeren	Kirschen	Wunde
Königsmantel	Lippenstift	Mund	Wangen	Hitze
Rotkäppchen	Blut	blutrot	Mord	Wut
Raserei	Feuer	Feuerwehr	Feuersbrunst	Zerstörung
Krieg	Aggression	Tollheit	Wahnsinn	Zorn
wütend	jemand sieht rot	Kirschsaft	Tomate	Küsse

SCRIPTOR

KV 22.2

„Sind Äpfel da?" (1)

Du findest auf der folgenden Seite spannungsreiche Dialoggerüste, manchmal auch nur den Anfang eines Gesprächs zwischen einer weiblichen und einer männlichen Person. Die Fragen, die in den Dialogen gestellt werden, und deren Antworten darauf, beschäftigen seit „ewigen" Zeiten – und wohl auch in Zukunft – Jungen und Mädchen, Frauen und Männer gleichermaßen …

1 Und so geht das automatische Schreiben:

- Sucht euch eine Partnerin/einen Partner. Ein Team muss immer aus einer männlichen und einer weiblichen Person zusammengesetzt sein.
- Lest euch gemeinsam die Dialoggerüste durch. Wählt eins aus und klebt es auf ein Blatt Papier.
- Versetzt euch in die männliche bzw. weibliche Person und vervollständigt ein Dialoggerüst eurer Wahl. Schreibt abwechselnd, ohne miteinander zu reden, indem ihr so immer auf das reagiert, was euch euer Dialogpartner vorgibt.

Tipp: Probiert, selbst einen Dialog zu finden.

Viel Spaß beim Vermehren der eigenen Ein-, An- und Innensichten!

2 Spielt „euren" Dialog den anderen Schülerinnen und Schülern vor.
Macht euch nach dem automatischen Schreiben Folgendes bewusst:

- Welche Personen sind es, die in euren Dialogen miteinander in Kontakt treten – es zumindest versuchen?
- Wo findet die Unterhaltung statt?
- Wer ist womit kurz vor und nach dem Gespräch beschäftigt?
- In welchem inneren Zustand befindet sich die jeweilige Person an der einen oder anderen Stelle im Dialog und wie wirkt sich das auf die Art und Weise ihres Sprechens aus?

Tipp: Überarbeitet eure Dialoge nicht mehr – das ist der Reiz an dieser Schreibmethode, auch wenn euch manches vielleicht im Nachhinein unlogisch oder unpassend erscheint. Im Alltag begegnet man in Gesprächen auch oftmals Unstimmigkeiten.

„Sind Äpfel da?" (2)

„Hallo"

M: *Hallo. Hallo.*
F: *Hallo.*
M: *Ist da jemand?*
F: *Wer ist dort, bitte?*
M: *Wer spricht denn dort?*
F: *Hallo.*
M: *Hallo.*
F: *Wer ist denn da?*
M: *Ich kann Sie nicht hören. Hallo.*
F: *Wer ist dort? Würden Sie lauter sprechen?*
   Ich kann Sie nicht hören.
M: *…*
F: *Bist du es?*
   Ich kann dich nicht gut hören.
   Die Verbindung ist schlecht, ich kann
   nichts hören. Bist du's?
   Wer ist dort? Bist du's?
   …

„Sag was!"

F: *Sag was!*
M: *Hm …*
F: *Sag was!*
M: *Was soll ich denn sagen?*
F *Ich weiß nicht.*
M: *Na also.*
F: *Rede einfach.*
M: *Ich weiß nichts Neues.*
F: *Ich will nichts Neues.*
M: *Was willst du denn?*
F: *…*

„Kino gefällig?"

M: *Wie wär's, möchtest du heute Abend ins*
   Kino gehen?
F: *Heute Abend?*
M: *Wenn du nichts anderes vorhast.*
F: *Nein, ich hab nichts anderes vor.*
M: *Wie wär's dann damit?*
F: *Ä – hm. Ja, schön. Wenn du möchtest.*
M: *Nicht, wenn ich möchte.*
   Wenn du möchtest.
   Willst du gehen?
F: *Du willst gehen,*
   nicht wahr?
M: *Wenn du willst.*
F: *Hm. Na schön.*
M: *Du klingst aber nicht gerade begeistert.*
   Willst du irgendetwas anderes tun?
F: *…*

„Sind Äpfel da?"

M: *Sind Äpfel da?*
F: *Ja, einer ist noch da.*
M: *Nur einer?*
F: *Ja.*
M: *Dann verzichte ich.*
F: *Nein, den letzten nehm ich nicht.*
F: *Warum nicht?*
M: *Du könntest ihn haben wollen.*
F: *Eigentlich nicht.*
M: *Warum denn nicht?*
F: *Nimm du ihn lieber.*
M: *Warum ich?*
F: *…*

Schipinsky kehrt zurück (1)

Du findest hier einen Textauszug, der am 31. 08. 2002 im Feuilleton der Frankfurter Rundschau (FR) veröffentlicht wurde und dich zum Schreiben einer Kurzgeschichte inspirieren soll.

Während Schipinsky ein wenig vor dem Alltag graute, hatte er Moltmann bereits eingeholt. Schipinsky nannte ihn „Dickerchen", tupfte ihm die Mundwinkel ab. Er dachte beim SEX an Bilanzen. An seine Frau dachte er nicht. Sorgen machte ihm eher das Büro, schließlich war Moltmann „Herr Dr. Moltmann" und Schipinsky seine Sekretärin. Es würde nach dieser heimlichen Reise, ihrer ersten gemeinsamen, nicht mehr so sein wie früher. Das wussten beide.

An den letzten Tagen am Strand versuchte Schipinsky, es Moltmann so einfach wie möglich zu machen. Sie verfiel in ihren Tippelschritt, sprach nur, wenn sie gefragt wurde, und probierte im Stillen, sich wieder an das „Sie" zu gewöhnen. Nur wenn Moltmann übermütig wurde, verfiel sie in ihren Urlaubston. „Nicht jetzt, Schatz, ich habe Migräne", sagte sie, um ihn zu ärgern, oder „Schwimm nicht zu weit raus, Dickerchen."

Aus sicherer Quelle weiß ich, dass Schipinsky gut erholt aus dem Urlaub kam. Allein.

(Jess Jochimsen. Aus: Frankfurter Rundschau, Magazin 31. 08. 02)

Bevor du mit dem Schreiben deiner Kurzgeschichte beginnst, solltest du dir ein klares Bild von den beiden Protagonisten machen.

1 Führe mithilfe der folgenden Seite eine fantasiegeleitete Figurenanalyse durch:
- Denke dir zunächst spontan ein Kennzeichen aus, mit dem beide Figuren jeweils charakteristisch gekennzeichnet werden können.
- Zeichne das Kennzeichen in die Kreise auf der folgenden Seite.
- Versuche nun, dich mit der Methode des Clusterns den Figuren zu nähern, indem du ohne lange zu überlegen assoziierst, wer sie sind und wie sie zueinander stehen. Hierbei helfen dir die Informationen und Andeutungen in dem kurzen Textausschnitt. Gruppiere deine Assoziationen rund um die beiden Zeichnungen auf den Linien.

2 Schreibe nun eine Kurzgeschichte über die beiden Personen auf einem extra Blatt.
Beachte folgende Gestaltungskriterien. Weitere Informationen findest du auf den Informationskarten von KV 26.
- kurzer Text
- Konzentration auf einen Ausschnitt des Geschehens
- Wechsel zwischen Erzählerbericht und Figurenrede (direkte oder indirekte Rede)
- unvermittelter Anfang
- Nähe zur Alltagssprache
- Mehrdeutigkeit

Schipinsky kehrt zurück (2)

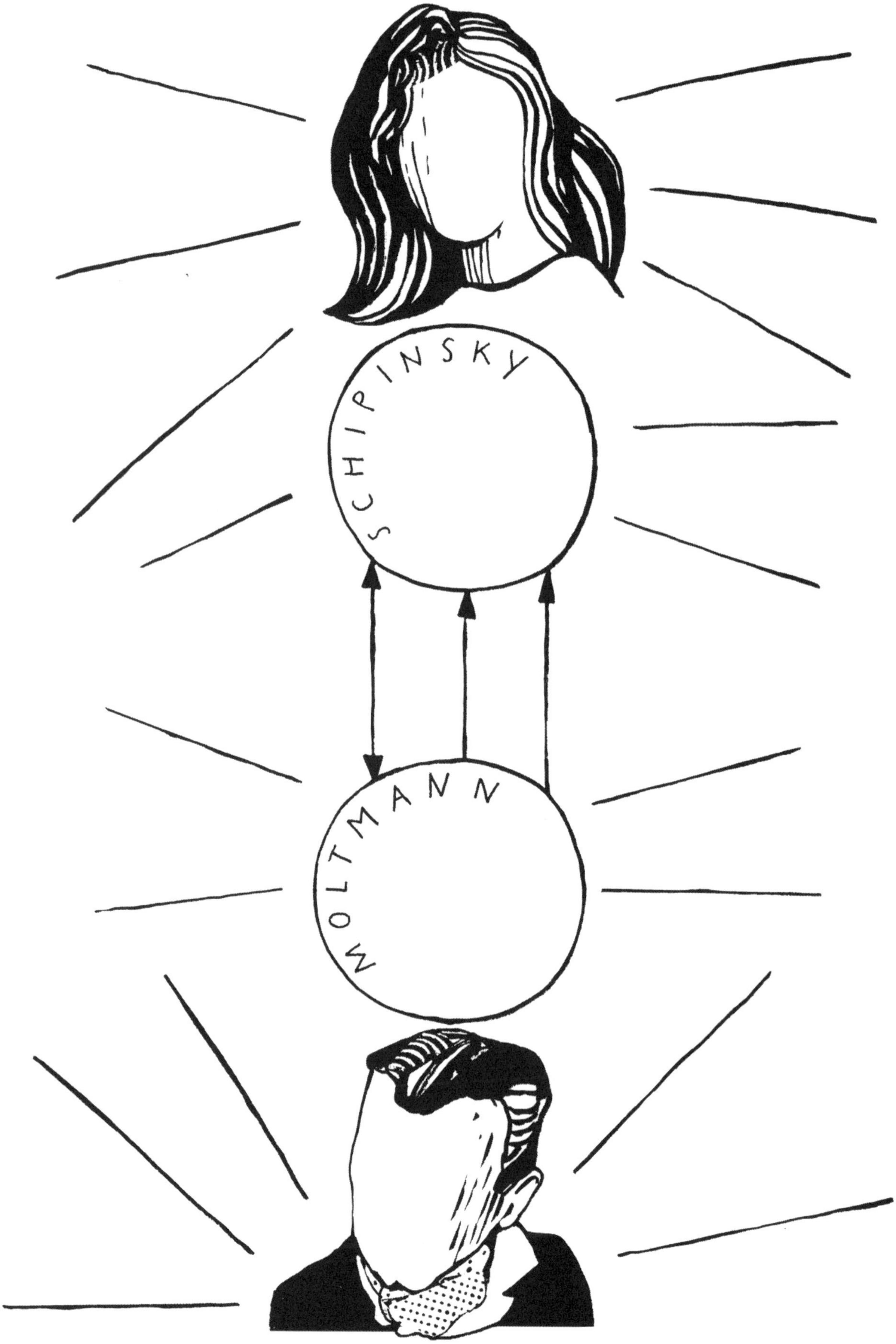

Herr Wendriner erzieht seine Kinder (1)

Kurt Tucholsky

Herr Wendriner erzieht seine Kinder

„… Nehm Sie auch noch'n Pilsner? Ja? Ober! Ober, Himmelherrgottdonnerwetter, ich rufe hier nu schon ne halbe Stunde – nu kommen Se doch ma endlich her! Also zwei Pilsner! Was willst du? Kuchen? Du hast genug Kuchen. Also zwei Pilsner. Oder lieber vielleicht – na, is schon gut. Junge, sei doch mal endlich still, man versteht ja sein eignes Wort nicht. Du hast doch schon Kuchen gegessen! Nein! Nein. Also,

5 Ober: noch'n Apfelkuchen mit Sahne. Wissen Se, was einem der Junge zusetzt!

Na, Max, nu geh spielen! Hör nicht immer zu, wenn Erwachsene reden. Zehn wird er jetzt.

Ja, also ich komme nach Hause, da zeigt mir meine Frau den Brief. Wissen Sie, ich war ganz konsterniert. Ich habe meiner Frau erklärt: So geht das auf keinen Fall weiter! Raus aus der Schule – rein ins Geschäft! Max, lass das sein! Du machst dich schmutzig! Der Junge soll den Ernst des Lebens kennen lernen!

10 Wenn sein Vater so viel arbeitet, dann kann er auch arbeiten. Wissen Se, es is mitunter nicht leicht. Dabei sieht der Junge nichts andres um sich herum als Arbeit: morgens um neun gehe ich weg, um halb neun, um acht – manchmal auch früher – abends komme ich todmüde nach Hause …

Max, nimm die Finger da raus, du hast den neuen Anzug an! Sie wissen ja, die große Konjunktur in der Zeit, das war im Januar, dann die Liquidation – übrigens: glauben Sie, Fehrwaldt hat bezahlt? 'n Deubel hat er!

15 Ich habe die Sache meinem Rechtsanwalt übergeben. Der Mann ist nicht gut, glauben Sie mir!

Ja, also mein Ältester ist jetzt nicht mehr da. Max, lass das! Angefangen hat er bei …

Also hören Sie zu: ich hab ihn nach Frankfurt gegeben zu S. & S. – kennen Sie die Leute auch? – und da hat er als Volongtär angefangen.

Ich hab mir gedacht: So, mein Junge, nu stell dich mal auf eigne Füße und lass dir mal den Wind ein

20 bisschen um die Nase wehn, – Max, tu das nicht! – jetzt werden wir mal sehn. Meine Frau wollte erst nicht – ich bin der Auffassung, so was ist materiell und ideell sehr gut für den Jungen. Er liest immer.

Max, lass das! Ich habe gesagt: Junge, treib doch Sport! Alle deine Kameraden treiben Sport – warum treibst du keinen Sport? Ich komme ja nicht dazu, mit ihm hinzugehn, mir täts ja auch mal sehr gut, hat mir der Arzt gesagt, aber er hat in Berlin doch so viel Möglichkeiten! Max, lass das! Was meinen Sie, was der Junge

25 macht? Er fängt sich was mit einer Schickse an aus einem Lokal; nem Büfettfräulein, was weiß ich! Max, was willste nu schon wieder? Nein, bleib hier! Du sollst hier bleiben! Max! Max! Komm mal her! Du sollst mal herkommen! Max, hörst du nicht? Kannst du nicht hören? Du sollst mal herkommen! Hierher sollst du kommen! Komm mal her! Hierher. Was hast du denn? Sieh dich vor!

Jetzt reißt der Junge die Decke … ei weh, der ganze Kaffee auf Ihre Hose! Kaffee macht keine Flecke.

30 Du dummer Junge, warum kommst du nicht gleich, wenn man dich ruft! Jetzt haste den ganzen Kaffee umgeworfen! Setz dich hin! Jetzt gehste überhaupt nicht mehr weg! Setz dich hin! Hier setze dich hin! Nicht gemuckst! Gießt den ganzen Kaffee um! Hier – haste'n Bonbon! Nu sei still. Ja – er war schon immer so komisch! Bei seiner Geburt habe ich ihm ein Sparkassenkonto angelegt – meinen Sie, er hats einem gedankt? Schule – das wollt er nicht! Aber Theater! Keine Premiere hat er versäumt, jede Besetzung bei

35 Reinhardt wusste er, und dann Film … Nee, wissen Se, das war schon nicht mehr schön! Ja, nu hat er mit der … em … Max, sieh mal nach, ob da vorn die Lampen schon angezündet sind! Aber komm gleich wieder! Mit dieser Schickse geht er los! Natürlich kostet das'n Heidengeld, können Se sich denken! Nu, es sind da Unregelmäßigkeiten vorgekommen – ich hab ihn wegnehmen müssen, und jetzt ist er in Hamburg. Ach, wissen Se, ich hab schon zu meiner Frau gesagt: Was hat einem der liebe Gott nicht zwei

40 Mädchen gegeben! Die zieht man auf, zieht sie an, legt sie abends zu Bett und zum Schluss werden sie verheiratet. Da hat man keine Mühe. Und hier! Nichts wie Ärger! Max! Max! Wo bloß der Junge bleibt! Max! Wo warst du denn so lange? Setz dich hierhin! Der Junge ist noch mein Grab – das sage ich Ihnen. Kommen Se, es ist kalt, wir wollen gehen. Ich frage mich bloß eins: diese Unbeständigkeit, diese Fahrigkeit, diese schlechten Manieren – von wem hat

45 der Junge das – ?"

(Kurt Tucholsky: Gesammelte Werke. Reinbek: Rowohlt Verlag 1989)

Herr Wendriner erzieht seine Kinder (2)

1 Lies den Text und bereite ihn so für einen Lese-Vortrag vor, dass die unterschiedlichen emotionalen Gefühlszustände des Herrn Wendriner möglichst klar zur Geltung kommen. Trage den Text in der Klasse vor.

2 Beschreibe, in welcher Erzählform der Text verfasst ist und woran dies deutlich wird.

_____

_____

_____

3 Stelle Vermutungen darüber an, welche Absicht der Autor mit der Art der sprachlichen Mittel verfolgt, die er hier gewählt hat.

_____

_____

4 Es gibt verschiedene Erziehungsstile. Versuche einen der drei Erziehungsstile Herrn Wendriner zuzuordnen und deine Entscheidung zu begründen.

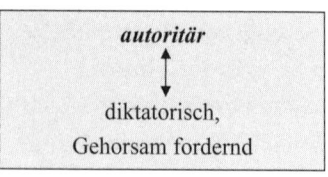

autoritär

diktatorisch,
Gehorsam fordernd

partnerschaftlich

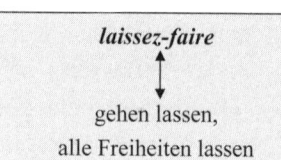

laissez-faire

gehen lassen,
alle Freiheiten lassen

_____

_____

_____

5 Formuliere eine Stellungnahme zu dem Verhalten von Herrn Wendriner gegenüber seinem Sohn. Du kannst dazu auch ein fiktives Gespräch, z. B. zwischen dem Arbeitskollegen und seiner Ehefrau, auf ein extra Blatt schreiben:

„Hallo Schatz, Herr Wendriner hat gerade angerufen – du hast deinen Regenschirm im Biergarten liegen lassen; er bringt ihn dir morgen in die Firma mit.“

„Lass mich bloß in Ruhe mit diesem Wendriner – der hat doch wirklich ein Rad ab …“

„Ach ja, der Herr Wendriner …“

Informationskarten (Kurzgeschichte/Erzählen)

Informationskarte Kurzgeschichte

Tipps:
- Wie die Bezeichnung schon sagt: Es ist ein kurzer Text gefragt.
- Formuliere keine Einleitung, sondern: einen plötzlichen Einstieg oder offenen Anfang. Die Leserin/der Leser ist sofort mitten im Geschehen. Es ist so, als würde man auf einen fahrenden Zug springen und ein Stück in einer Geschichte mitfahren.
- Die Handlung soll sich bis zum Höhepunkt steigern, der auch oft der Wendepunkt der Geschichte ist.
- Unvermittelter, abrupter Schluss, der die Leserin/den Leser sehr viel mehr zum Nachdenken motiviert als eine in sich geschlossene Handlung mit einem Ende.
- Wähle als Thema einen Ausschnitt oder wichtigen Augenblick aus dem Leben eines Menschen („ein Stück herausgerissenes Leben").
- Schildere schicksalhafte Begegnungen oder Ereignisse, Konflikte, die zu einem Wendepunkt in der Entwicklung des Menschen führen oder eine Verhaltensänderung bewirken.

- Der Text kommt mit wenigen Personen aus. Maximal zwei sind die Protagonisten (Hauptrollen) der Handlung.
- Personal-Erzähler oder Ich-Erzähler, kein auktorialer Erzähler.
- Verwende nüchterne, knappe, kurze Sätze. Reihe Hauptsätze aneinander (parataktischer Satzbau).

Informationskarte Erzählen

Unter Erzählperspektive versteht man die Sichtweise, aus der heraus ein literarischer Text erzählt wird. Grundsätzlich sind der Erzähler und der Autor nicht identisch. Der Erzähler ist eine fiktive Figur, deren Aufgabe es ist, der Leserin/dem Leser eine Geschichte zu vermitteln.

Die wichtigsten Erzählperspektiven sind:
- die *personale Erzählperspektive*, in der das Geschehen aus der Sicht einer beteiligten Person gesehen wird,
- die *auktoriale Erzählsituation* des außen stehenden Erzählers, der genau weiß, was geschehen wird und die Gedanken der Personen kennt. Er kann sich bewertend und kommentierend ins Geschehen einmischen. Man spricht beim auktorialen Erzähler auch von einem allwissenden Erzähler,
- die *Ich-Perspektive*, in der eine beteiligte Person aus der Geschichte das Geschehen in Ich-Form erzählt. Diese Erzählperspektive vermittelt ein hohes Maß an Subjektivität, die wiederum bei der Leserin/dem Leser eine enorme Glaubwürdigkeit auslöst.

Die verschiedene Möglichkeiten, das Innenleben einer Person wiederzugeben:
- Gedankenzitat: Erzähler gibt als sogenannter Berichterstatter Auskunft über das Innenleben der Figur.
- Erlebte Rede: Die Gedanken werden aus der Perspektive der Figur und nicht aus der des Erzählers in der 3. Person Singular im Präsens wiedergegeben.
- Innerer Monolog (auch Bewusstseinsstrom): Der Erzähler tritt völlig zurück, die Figuren sprechen in der 1. Person Präsens selbst und vermitteln auf diese authentische Weise, was in ihnen vorgeht und wie sie sich fühlen.

Die Schule zukunftsfähig machen

Renate Mann
Beate Saßmann

Unterrichtshilfen · Deutsch

Sprache untersuchen: Satzglieder

5./6. Schuljahr
Verlaufsplanungen und
Kopiervorlagen mit CD-ROM

48 Seiten mit Abb.,
Paperback

ISBN 978-3-589-22743-3

Carsten Gansel

Scriptor Praxis · Deutsch

Moderne Kinder- und Jugendliteratur

[4., überarbeitete Auflage]

Vorschläge für einen
kompetenzorientierten
Unterricht

208 Seiten mit Abb.,
Paperback

ISBN 978-3-589-22927-7

Wenke Sorrentino
Hans Jürgen Linser
Liane Paradies

99 Tipps
Praxis-Ratgeber Schule

Differenzieren im Unterricht

Für die Sekundarstufe I

144 Seiten mit Abb.,
Paperback

ISBN 978-3-589-22885-0

Informieren Sie sich unter der Nummer 0180 12 120 20 (3,9 ct/min. aus dem Festnetz der Dt. Telekom) oder in unserem Onlineshop: www.cornelsen-shop.de

Cornelsen

SCRIPTOR